STEP Ladder

STEP 2

(600-word Level)

ピーター・パン

Peter Pan

J. M. Barrie

ジェームス・マシュー・バリー

はじめに

みなさんは英語で何ができるようになりたいですか。

外国人と自由にコミュニケーションしたい
インターネット上の英語のサイトや、ペーパーバック、英字新聞
　を辞書なしで読めるようになりたい
字幕なしで洋画を見たい
受験や就職で有利になりたい
海外で活躍したい……

英語の基礎的な力、とりわけ読解力をつけるのに大切なのは、楽しみながら多読することです。数多くの英文に触れることによって、英語の発想や表現になじみ、英語の力が自然に身についてきます。

そうは言っても、何から手をつけていいのかわからないということはないでしょうか。やさしそうだと思って、外国の絵本や子ども向けの洋書を買ってはみたものの、知らない単語や表現ばかりが出てきて、途中で読むのをあきらめた経験がある方もいらっしゃるのではありませんか。

おすすめしたいのは、学習者向けにやさしく書かれた本から始めて、自分のレベルに合わせて、少しずつ難しいものに移っていく読み方です。

本書《ステップラダー・シリーズ》は、使用する単語を限定した、やさしい英語で書かれている英文リーダーで、初心者レベルの方でも、無理なく最後まで読めるように工夫されています。

みなさんが、楽しみながら英語の力をステップアップできるようになっています。

特長と使い方

●特長●

　ステップラダー・シリーズは、世界の古典や名作などを、使用する単語を限定して、やさしい表現に書き改めた、英語初級〜初中級者向けの英文リーダーです。見開きごとのあらすじや、すべての単語の意味が載ったワードリストなど、初心者レベルでも負担なく、英文が読めるように構成されています。無料音声ダウンロード付きですので、文字と音声の両面で読書を楽しむことができます。

ステップ	使用語彙数	対象レベル	英検	CEFR
STEP 1	300語	中学1年生程度	5級	A1
STEP 2	600語	中学2年生程度	4級	A1
STEP 3	900語	中学3年生程度	3級	A2

●使い方●

- 本文以外のパートはすべてヘルプです。できるだけ本文に集中して読みましょう。

- 日本語の語順に訳して読むと速く読むことができません。文の頭から順番に、意味のかたまりごとに理解するようにしましょう。

- すべてを100パーセント理解しようとせず、ところどころ想像で補うようにして、ストーリーに集中する方が、楽に楽しく読めます。

- 黙読する、音読する、音声に合わせて読む、音声だけを聞くなど、いろいろな読み方をしてみましょう。

●無料音声ダウンロード●

　本書の朗読音声（MP3形式）を、下記URLとQRコードから無料でダウンロードすることができます。

www.ibcpub.co.jp/step_ladder/0647/

※PCや端末、ソフトウェアの操作・再生方法については、編集部ではお答えできません。製造元にお問い合わせいただくか、インターネットで検索するなどして解決してください。

●構成●

トラック番号
朗読音声の番号です。

語数表示
開いたページの単語数と、読んできた総単語数が確認できます。

2

🎧 **1. Peter Comes**

All children, but one, grow up. ¹Wendy was two years old when she learned she would grow up. ²Wendy was playing in the flowers when her mother said, "Oh, can't you be like this forever?" That's how Wendy learned she would grow up.

Wendy had a mother, father, two younger brothers, and a big dog. The dog watched over the children.

The Darling family did not have much, but they were happy. They all danced. Mrs. Darling danced very well. They were a happy family. Then Peter came.

One morning, Mrs. Darling saw leaves in the children's room.

★ ある朝、ダーリンス夫が子ども部屋に葉っぱが落ちているのを見つけると、ウェンディは「ピーターが来たのよ」と言いました。

1. Peter Comes

"Those are from Peter!" said Wendy.

"What do you mean, Wendy?" Mrs. Darling asked.

"Peter doesn't clean his feet," Wendy said. "I think he comes in by the window."

[127][127]words

◆ KEYWORDS
☐ **Peter** [píːtər]   ☐ watch over
☐ grow up   ☐ **Darling** [dάːrlɪŋ]
☐ **Wendy** [wéndi]   ☐ come in
☐ **forever** [fərévər]   ☐ by the window

◆ KEY SENTENCES ☞ p. 78
¹ Wendy was two years old / when she learned / she would grow up.
² Wendy was playing in the flowers / when her mother said, / "Oh, / can't you be like this / forever?"

あらすじ
本文のおおまかな内容がわかります。

キーセンテンス
長い文や難しい表現の文を、意味単位に区切って紹介しています。表示のページに訳があります。

キーワード
使用語彙以外で使われている初出の単語、熟語のリストです。発音記号の読み方は次ページの表を参考にしてください。

キーワードについて

1. 語尾が規則変化する単語は原形、不規則変化語は本文で出てきた形を見出しにしています。

例 studies/studying/studied → study
goes/going → go
went → went
gone → gone

2. 熟語に含まれる所有格の人称代名詞（my, your, his/her, theirなど）は one's に、再帰代名詞（myself, yourselfなど）は oneself に置き換えています。

例 do your best → do one's best
enjoy myself → enjoy oneself

3. 熟語に含まれるbe動詞（is, are, was, were）は原形のbeに置き換えています。

例 was going to → be going to

発音記号表

● 母音 ●

/ɑ/	hot, lot
/ɑ:/	arm, art, car, hard, march, park, father
/æ/	ask, bag, cat, dance, hand, man, thank
/aɪ/	ice, nice, rice, time, white, buy, eye, fly
/aɪəʳ/	fire, tire
/aʊ/	brown, down, now, house, mouth, out
/aʊəʳ/	flower, shower, tower, hour
/e/	bed, egg, friend, head, help, letter, pet, red
/eɪ/	cake, make, face, game, name, day, play
/eəʳ/	care, chair, hair
/ɪ/	big, fish, give, listen, milk, pink, sing
/i:/	eat, read, speak, green, meet, week, people
/ɪəʳ/	dear, ear, near, year
/oʊ/	cold, go, home, note, old, coat, know
/ɔ:/	all, ball, call, talk, walk
/ɔ:ʳ/	door, more, short
/ɔɪ/	boy, enjoy, toy
/ʊ/	book, cook, foot, good, look, put
/u:/	food, room, school, fruit, juice
/ʊəʳ/	pure, sure
/ə:ʳ/	bird, girl, third, learn, turn, work
/ʌ/	bus, club, jump, lunch, run, love, mother
/ə/	about, o'clock
/i/	easy, money, very

● 子音 ●

/b/	bag, ball, bed, big, book, club, job
/d/	desk, dog, door, cold, food, friend
/f/	face, finger, fish, food, half, if, laugh
/g/	game, girl, go, good, big, dog, egg
/h/	hair, hand, happy, home, hot
/j/	yellow, yes, young
/k/	cake, cook, king, desk, look, milk, pink, talk
/l/	learn, leg, little, look, animal, girl, school
/m/	make, mother, movie, home, name, room, time
/n/	know, name, night, noon, pen, run, train
/p/	park, pencil, pet, pink, cap, help, jump, stop
/r/	read, red, rice, room, run, write
/s/	say, see, song, study, summer, bus, face, ice
/t/	talk, teacher, time, train, cat, foot, hat, night
/v/	very, video, visit, five, give, have, love, movie
/w/	walk, want, week, woman, work
/z/	zero, zoo, clothes, has, music, nose
/ʃ/	ship, short, English, fish, station
/ʒ/	measure, leisure, television
/ŋ/	king, long, sing, spring, English, drink, thank
/tʃ/	chair, cheap, catch, lunch, march, teacher, watch
/θ/	thank, think, thursday, birthday, month, mouth, tooth
/ð/	they, this, then, bathe, brother, father, mother
/dʒ/	Japan, jump, junior, bridge, change, enjoy, orange

Table of Contents

《主な登場人物》

Wendy Darling　ウェンディ・ダーリング　主人公。ダーリング家の長女

Peter Pan　ピーター・パン　ネバーランドに住む、永遠に大人にならない少年

Tinker Bell (Tink)　ティンカー・ベル(ティンク)　妖精の少女

Captain Hook　フック船長　ピーター・パンの敵。海賊船ジョリー・ロジャー号の船長

▌ダーリング家　The Darling family

Mrs. Darling　ダーリング夫人

Mr. Darling　ダーリング氏

John and Michael　ジョンとマイケル　ウェンディの弟たち

Nana　ナナ　ダーリング家の犬

▌ロストボーイズ　The Lost Boys　親とはぐれて年を取らなくなった子どもたち

Tootles　トゥートルズ　　　　　Curly　カーリー

Nibs　ニブス　　　　　　　　　Twins　ツインズ(双子)

Slightly　スライトリー

▌海賊たち　The Pirates　フック船長の手下

Smee　スミー

Bill Jukes　ビル・ジュークス

Cecco　チェッコ

▌その他

Tiger Lily　タイガー・リリー　インディアンのお姫様

The Indians　インディアンたち

The crocodile　クロコダイル　フック船長を食べようと狙っているワニ

Never Bird　ネバーバード　ネバーランドの鳥。水に浮かぶ巣を作る

PETER PAN

ピーター・パン

1. Peter Comes

All children, but one, grow up. ¹Wendy was two years old when she learned she would grow up. ²Wendy was playing in the flowers when her mother said, "Oh, can't you be like this forever?" That's how Wendy learned she would grow up.

Wendy had a mother, father, two younger brothers, and a big dog. The dog watched over the children.

The Darling family did not have much, but they were happy. They all danced. Mrs. Darling danced very well. They were a happy family. Then Peter came.

One morning, Mrs. Darling saw leaves in the children's room.

ある朝、ダーリン夫人が子ども部屋に葉っぱが落ちているのを見つけると、ウェンディは「ピーターが来たのよ」と言いました。

"Those are from Peter!" said Wendy.

"What do you mean, Wendy?" Mrs. Darling asked.

"Peter doesn't clean his feet," Wendy said. "I think he comes in by the window."

(127[127]words)

◆ KEYWORDS

☐ **Peter** [píːtəʳ]	☐ *watch over*
☐ *grow up*	☐ **Darling** [dáːʳlɪŋ]
☐ **Wendy** [wéndi]	☐ *come in*
☐ **forever** [fərévəʳ]	☐ *by the window*

◆ KEY SENTENCES (☞ p. 78)

[1] Wendy was two years old / when she learned / she would grow up.

[2] Wendy was playing in the flowers / when her mother said, / "Oh, / can't you be like this / forever?"

Mrs. Darling thought Wendy was talking about a dream. But it was not a dream.

The next night, the children were all in bed. Mrs. Darling decided to sleep in the same room as her children.

Then a window opened. A boy came in.

Mrs. Darling cried out when she saw the boy. She was sure it was Peter Pan. He was a beautiful boy. He wore clothes made of leaves.

[3]After Mrs. Darling cried out, Nana, the big dog, came into the room and jumped on the boy. The boy jumped out the window. [4]But Nana caught the boy's shadow in her mouth, and Mrs. Darling put the shadow in a box.

夜、窓から、葉で作られた服を着た男の子が入ってきました。犬のナナが飛びかかってその子の影をくわえ、ダーリン夫人は影を箱にしまいました。

The next Friday, Mr. and Mrs. Darling had to go out. So they put the children to bed and said good night.

(135[262]words)

◆ **KEYWORDS**

☐ **decide** [dìsáɪd]

☐ *the same ~ as*

☐ *cry out*

☐ **Peter Pan** [píːtəʳ pǽn]

☐ **wore** [wɔ́ːʳ] < wear

☐ *made of*

☐ **Nana** [nǽnə]

☐ *jump on*

☐ **jump out the window**

☐ **shadow** [ʃǽdòʊ]

☐ *go out*

◆ **KEY SENTENCES** (☞ p. 78)

[3] After Mrs. Darling cried out, / Nana, / the big dog, / came into the room / and / jumped on the boy.

[4] But / Nana caught the boy's shadow / in her mouth, / and / Mrs. Darling put the shadow / in a box.

2. Fly Away

When the children were sleeping, a window opened. A boy entered the room. As he entered, a light entered the room too. The boy and the light started looking for Peter's shadow.

The light was really a fairy. It was a girl fairy named Tinker Bell. She wore leaves.

⁵Peter and Tinker Bell found his shadow in a big box where Mrs. Darling put it. ⁶Peter wanted to put his shadow back on, but he could not. Peter sat on the floor and cried.

This woke Wendy. She sat up and asked, "Boy, why are you crying?"

次の夜、ウェンディが目を覚ますと、ピーターが床に座って泣いていました。ピーターは「自分の影が元に戻らないんだ」と言いました。

Peter asked, "What's your name?"

"Wendy Darling," she said, "What's your name?"

"Peter Pan."

"Why are you crying?" Wendy asked.

"I'm crying because I can't get my shadow back on," said Peter.

(129[391]words)

◆ **KEYWORDS**

☐ **enter** [éntə^r]

☐ *look for*

☐ **fairy** [féri]

☐ **Tinker Bell** [tíŋkə^r bél]

☐ *put ~ back on*

☐ *sit up*

☐ **woke** [wóʊk] < wake

☐ *get ~ back on*

◆ **KEY SENTENCES** (☞ p. 78)

[5] Peter and Tinker Bell / found his shadow / in a big box / where Mrs. Darling put it.

[6] Peter wanted / to put his shadow back on, / but he could not.

Wendy saw the shadow on the floor. "How terrible!" she said.

Wendy had an idea. [7]"I'll sew it on for you," she said, and she sewed the shadow onto Peter's foot.

Peter was very happy. He danced around the room. Then he gave Wendy a small button to thank her.

"Thank you," Wendy said. Then she put the button around her neck.

Peter told Wendy about himself.

"I ran away the day I was born," he said. "I ran away so I would not have to grow up. I want to be a little boy forever and have fun. So [8]I ran away and live with the fairy people."

(109[500]words)

ウェンディは影をピーターの足に縫いつけました。ピーターは「大人にならないために生まれた日に家出をしたんだ」とウェンディに話しました。

◆ **KEYWORDS**

☐ **onto** [ɑ́:ntu:] ☐ **himself** [hɪmsélf]
☐ **sew** [sóʊ] ☐ *run away*
☐ *sew ~ onto* ☐ *have fun*
☐ **button** [bʌ́tən]

◆ **KEY SENTENCES** (☞ p. 78)

7 "I'll sew it on for you," / she said, / and / she sewed the shadow / onto Peter's foot.

8 I ran away / so / I would not have to / grow up.

Wendy thought it was wonderful that Peter lived with fairy people. She asked him many questions about them. Peter told her all about the fairy people.

Then Peter remembered Tinker Bell and called out, "Tinker Bell! Where did you go?"

The sound of a bell came from the big box. Peter laughed. [9]He had left Tinker Bell in the box. He opened the box and she flew around the room.

Wendy thought Tinker Bell was beautiful. But Tinker Bell thought Wendy was a big, ugly girl. [10]She did not like Peter to have friends who were girls.

Peter said he lived with the lost boys. He was their leader. They lived in Neverland.

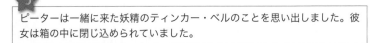

ピーターは一緒に来た妖精のティンカー・ベルのことを思い出しました。彼女は箱の中に閉じ込められていました。

Peter said he came to Wendy's window to listen to Mrs. Darling tell stories. Peter and the lost boys did not know any stories.

"How terrible!" Wendy said. "I know lots of stories. I could tell them to the lost boys!"

(154[654]words)

◆**KEYWORDS**

☐ *call out*

☐ **bell** [bél]

☐ *fly around*

☐ **ugly** [ʌ́gli]

☐ **leader** [líːdəʳ]

☐ **Neverland** [névəʳlənd]

◆**KEY SENTENCES** (☞ p. 78)

[9] He had left Tinker Bell / in the box.

[10] She did not like Peter / to have friends / who were girls.

Peter wanted Wendy to come to Neverland, but she did not know how to fly.

"I can teach you how to fly!" Peter said. [11]Wendy was so excited that she woke up her little brothers, John and Michael.

Peter flew around the room to teach all of them how to fly.

"You just think happy thoughts," Peter said.

It looked very easy, but it was difficult. Wendy, John, and Michael tried and tried, but they could not fly.

Then, Peter had an idea. [12]He took some fairy dust from Tinker Bell and put it on them. The next time the children tried, they flew!

ウェンディは弟のジョンとマイケルを起こしました。妖精の粉によって空を飛べるようになった3人は、ピーターたちと一緒に窓から飛び出しました。

"Come!" Peter cried. He flew out the window, and Wendy, John, and Michael flew out too.

Nana saw all of this and ran to get Mr. and Mrs. Darling. They came home to check on the children but they were too late. The room was empty.

(150[804]words)

◆ **KEYWORDS**

☐ *how to*
☐ *so ~ that*
☐ *wake up*
☐ **John** [dʒɑ́ːn]
☐ **Michael** [máɪkəl]

☐ **thought** [θɔ́ːt]
☐ **dust** [dʌ́st]
☐ *fly out*
☐ *check on*
☐ **empty** [émpti]

◆ **KEY SENTENCES** (☞ p. 78–79)

[11] Wendy was so excited / that / she woke up her little brothers, / John and Michael.

[12] He took some fairy dust / from Tinker Bell / and put it on them.

14

 3. To Neverland

The children flew for a long, long time. It was very dangerous. [13]They could not sleep or they would fall. Only Peter knew how to sleep and fly at the same time. Sometimes he flew far, far ahead of the children. When he came back, he sometimes forgot their names.

"I'm Wendy, don't you remember?" Wendy said. Peter was very sorry.

[14]The children ate by taking food from the mouths of birds that flew past them. They were tired and hungry, but they could not go back. After many hours, they finally came to Neverland.

"There it is," said Peter.

(100[904]words)

子どもたちは長い間飛び続けて、何時間もかけてやっとネバーランドにたどり着きました。「あそこだよ」とピーターが言いました。

◆ KEYWORDS

☐ **ahead** [əhéd]   ☐ **past** [pǽst]

☐ *ahead of*

◆ KEY SENTENCES (☞ p. 79)

[13] They could not sleep / or / they would fall.

[14] The children ate / by taking food / from the mouths of birds / that flew past them.

Wendy, John, and Michael looked and saw the island for the first time. It was beautiful. There was a forest, a bay, and an Indian village.

Then the sun went down. [15]The children stayed close to Peter as they flew lower and lower.

Peter listened carefully for pirates as he flew. There were many pirates on the island, Peter explained. Their leader was Captain Hook. [16]Peter had cut off his hand in a fight and now he had a hook instead of a hand.

Then there was a great BOOM! The pirates had seen the children and fired their long gun at them. No one was hurt, but they were now far away from each other.

(116[1,020]words)

美しい島でしたが、フック船長率いる海賊がいるとピーターが言いました。
大きな銃声が起こり、子どもたちは分かれ分かれになってしまいました。

◆ KEYWORDS

☐ **island** [áɪlənd]
☐ *for the first time*
☐ **forest** [fɔ́:rɪst]
☐ **bay** [béɪ]
☐ **Indian** [índiən]
☐ **village** [vílɪdʒ]
☐ *go down*
☐ *close to*
☐ **low** [lóʊ]
☐ **pirate** [páɪrət]

☐ **explain** [ɪkspléɪn]
☐ **Captain Hook** [kǽptən húk]
☐ **hook** [húk]
☐ *cut off*
☐ **instead** [ìnstéd]
☐ *instead of*
☐ **boom** [bú:m]
☐ **seen** [sí:n] < see
☐ **gun** [ɡʌ́n]
☐ **hurt** [hə́:ʳt]

◆ KEY SENTENCES (☞ p. 79)

[15] The children stayed / close to Peter / as they flew / lower and lower.

[16] Peter had cut off his hand / in a fight / and / now / he had a hook / instead of a hand.

4. On the Island

Captain Hook led the pirates to look for the lost boys. Hook had nice clothes, black hair, and blue eyes. [17]He was mean to his men as they searched for the lost boys.

There were six lost boys dressed in animals skins. Their names were Tootles, Nibs, Slightly, Curly, and the Twins. The Twins looked exactly the same.

The lost boys lived in the forest, in a house under the ground. They came home after looking for Peter all night. The boys wanted to hear more stories from Peter. [18]They remembered when their mothers used to tell them stories.

(99[1,119]words)

フック船長は「ロストボーイズ」の6人を探していました。彼らの名前はトゥートルズ、ニブズ、スライトリー、カーリース、そして双子たちでした。

◆ KEYWORDS

☐ **led** [léd] < lead
☐ **mean** [míːn]
☐ *be mean to*
☐ **search** [sə́ːʳtʃ]
☐ *search for*
☐ **skin** [skín]
☐ **Tootles** [túːtəlz]

☐ **Nibs** [níbz]
☐ **Slightly** [sláɪtli]
☐ **Curly** [kə́ːʳli]
☐ **Twins** [twínz]
☐ **exactly** [ɪgzǽktli]
☐ *used to*

◆ KEY SENTENCES (☞ p. 79)

[17] He was mean to his men / as they searched / for the lost boys.
[18] They remembered / when / their mothers used to tell them stories.

Suddenly, the boys heard the pirates walking through the woods. They ran into their house. [19]When the pirates arrived, they didn't know the boys were right under them.

The pirates searched the trees while Hook sat.

More than anything, Hook wanted to catch Peter Pan. Hook was angry that Peter cut off his hand and fed it to a crocodile. Now the crocodile wanted to eat Hook's other hand. [20]This made Hook afraid of the crocodile more than anything.

One time, the crocodile ate a clock. Now, when the crocodile was near, you could hear the clock go "tick tick tick."

フックの手を食べたワニは彼を狙っていました。ワニは時計も食べたので、時計の音で近づくのがわかります。フックはワニをとても恐れていました。

Suddenly, the pirates heard the sound of a clock. Hook cried, "The crocodile!" Hook and the pirates ran away, followed by the crocodile.

(124[1,243]words)

◆ **KEYWORDS**

☐ **suddenly** [sʌ́dənli]
☐ *walk through*
☐ **while** [ʰwáɪl]
☐ *more than anything*
☐ **angry** [ǽŋgri]

☐ **fed** [féd] < feed
☐ **crocodile** [krɑ́:kədàɪl]
☐ **clock** [klɑ́:k]
☐ **tick** [tík]

◆ **KEY SENTENCES** (☞ p. 79)

[19] When the pirates arrived, / they didn't know / the boys were right under them.

[20] This made Hook / afraid of the crocodile / more than anything.

[21]When everything was quiet, the lost boys came out from their home under the ground. They saw Wendy and Tinker Bell flying towards them.

Tinker Bell was not a bad fairy, but she did not like Wendy.

So when Tinker Bell saw the lost boys she lied to them. She told them in the fairy language that Peter wanted them to shoot Wendy.

All the boys ran to get their bows and arrows.

Tootles got his bow and arrow first. He took aim and he shot Wendy right in the heart.

(91[1,334]words)

ロストボーイズはウェンディたちが飛んでくるのを見ました。ティンカー・ベルにだまされて、トゥートルズはウェンディの心臓を撃ちました。

◆ **KEYWORDS**

☐ *come out from*
☐ **towards** [təwɔ́ːʳdz]
☐ **bad** [bǽd]
☐ **lie** [láɪ]
☐ **shoot** [ʃúːt]
☐ **bow** [bóʊ]

☐ **arrow** [ǽroʊ]
☐ **aim** [éɪm]
☐ *take aim*
☐ **shot** [ʃáːt] < shoot
☐ **heart** [hɑ́ːʳt]

◆ **KEY SENTENCES** (☞ p. 79)

[21] When everything was quiet, / the lost boys came out / from their home / under the ground.

5. The Little House

Wendy fell down. [22]When Tootles saw that he had shot a lady, he knew he had done something very bad.

"We killed a lady!" Nibs cried.

Just then, Peter flew over the trees.

"I'm back, and I have good news," Peter said. "I brought you all a mother to tell you stories."

"Oh no!" Tootles cried. "I killed the lady you brought."

Just then, Wendy raised her arm. She was alive! [23]The arrow hit the button on a chain that Peter gave her.

ウェンディは運よく助かりました。ピーターはティンカー・ベルを1週間追い出し、少年たちは弱ったウェンディの周りに家を建て始めました。

"Tinker Bell told us to shoot the Wendy," Tootles said.

Peter was very angry and told Tinker Bell to go away for a whole week.

Wendy was weak, so the lost boys started to build a house around her. Just then, John and Michael arrived.

(128[1,462]words)

◆ **KEYWORDS**

☐ *fall down*
☐ **lady** [léɪdi]
☐ **done** [dʌ́n] < do
☐ **kill** [kíl]
☐ *fly over*
☐ *you all*
☐ **raise** [réɪz]

☐ **alive** [əláɪv]
☐ **chain** [tʃéɪn]
☐ *go away*
☐ **whole** [hóʊl]
☐ *for a week*
☐ **weak** [wíːk]
☐ *just then*

◆ **KEY SENTENCES** (☞ p. 79)

[22] When Tootles saw / that / he had shot a lady, / he knew / he had done something very bad.

[23] The arrow hit the button / on a chain / that Peter gave her.

"Is Wendy sleeping?" they asked.

"Yes," said Peter. "Help us build a house around her."

So they built a house out of sticks and branches. When they were done, they knocked on the door and Wendy answered.

"Wendy Lady, please be our mother," the lost boys said.

So Wendy invited them inside and she became their mother. She told them stories and sewed their clothes.

[24]Everything was going fine until one day something dangerous happened at the lake where the mermaids lived.

(82[1,544]words)

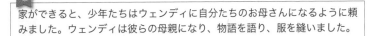

家ができると、少年たちはウェンディに自分たちのお母さんになるように頼みました。ウェンディは彼らの母親になり、物語を語り、服を縫いました。

◆ KEYWORDS

☐ *build ~ out of*
☐ **stick** [stík]
☐ **branch** [brǽntʃ]
☐ **knock** [náːk]

☐ *knock on*
☐ **invite** [ìnváɪt]
☐ **lake** [léɪk]
☐ **mermaid** [mə́ːʳmèɪd]

◆ KEY SENTENCES (☞ p. 79)

[24] Everything was going fine / until one day / something
dangerous happened / at the lake / where the mermaids lived.

6. Fight at the Lake

²⁵One day, while the children were playing at the lake where the mermaids lived, it became very dark. Peter knew something was wrong.

All the children hid behind a rock. A boat with three pirates arrived. The pirates had Tiger Lily, the Indian princess, with them. They were going to leave her on a rock to die. Peter decided to save her.

So Peter made his voice sound like Captain Hook's. He called, "Pirates, let the princess go!"

²⁶The pirates were surprised to hear Captain Hook, and did not understand

子どもたちが湖で遊んでいると、海賊とインディアンの王女を乗せた船がやってきました。ピーターはフック船長の声で王女を放すように命じました。

why he changed his mind. But they had
to let her go. She jumped in the water and
swam back to her village.

"Pirates," Captain Hook's voice called.

Peter looked at Wendy, surprised. It
was the real Captain Hook!

(129[1,673]words)

◆**KEYWORDS**

☐ **dark** [dάːˈk]
☐ **wrong** [rɔ́ːŋ]
☐ **hid** [híd] < hide
☐ **Tiger Lily** [táɪɡəˈ líli]
☐ **princess** [prínses]

☐ *leave someone to die*
☐ **save** [séɪv]
☐ **let** [lét]
☐ *let ~ go*
☐ **mind** [máɪnd]

◆**KEY SENTENCES** (☞ p. 80)

[25] One day, / while the children were playing / at the lake / where
the mermaids lived, / it became very dark.

[26] The pirates were surprised to hear Captain Hook, / and did
not understand / why he changed his mind.

Captain Hook seemed to come from nowhere. He swam to the boat. He was sad. He had just found out that the lost boys had found a mother. [27]He was worried they wouldn't come out to fight or do dangerous things anymore.

This was a big problem for the pirates. [28]If the lost boys wouldn't fight them, they would not have anyone else to fight.

"Captain," said the pirate Smee, "could we take the boys' mother and make her our mother?"

Hook thought it was a great idea.

Just then, Hook remembered the Indian Princess. "Where is Tiger Lily?" he asked the pirates.

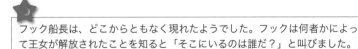

フック船長は、どこからともなく現れたようでした。フックは何者かによって王女が解放されたことを知ると「そこにいるのは誰だ？」と叫びました。

"We let her go, like you told us," said Smee.

Hook looked around the dark lake. He knew someone else must have given the order.

"Who is there?" Hook cried.

(133[1,806]words)

◆**KEYWORDS**

☐ **seem** [síːm]
☐ **nowhere** [nóʊhwèəʳ]
☐ **sad** [sǽd]
☐ *find out*

☐ **Smee** [smíː]
☐ **given** [ɡívən] < give
☐ **order** [ɔ́ːʳdəʳ]
☐ *give an order*

◆**KEY SENTENCES** (☞ p. 80)

[27] He was worried / they wouldn't / come out to fight / or / do dangerous things / anymore.

[28] If the lost boys wouldn't fight them, / they would not have anyone else / to fight.

"It was me!" yelled Peter. "Lost boys, let's fight some pirates!"

When the fighting started, Hook attacked Peter and cut him two times with his hook.

Just then, Hook heard the "tick tick tick" of the crocodile. Shaking in fear, he ran away to his boat. The lost boys laughed as he ran.

Everyone went home, but Peter was hurt. He laid down on a rock. As time went on, the ocean water began to rise. [29]Peter was too tired to leave, but he needed to move or he would be under water.

(93[1,899]words)

「僕だ！」とピーターが叫び闘いが始まると、フックはピーターを2度切りつけました。まもなく、ワニの時計の音が聞こえてフックは逃げ出しました。

◆KEYWORDS

□ **yell** [jél]
□ **fighting** [fáɪtɪŋ]
□ **attack** [ətǽk]
□ **shake** [ʃéɪk]
□ **fear** [fíəʳ]
□ *in fear*

□ **laid** [léɪd] < lay
□ *lay down on*
□ *as time goes on*
□ **ocean** [óʊʃən]
□ **rise** [ráɪz]

◆KEY SENTENCES (☞ p. 80)

[29]Peter was too tired to leave, / but / he needed to move / or /
he would be under water.

But then he saw a Never Bird coming towards him on the water. Never Birds make nests that float on the water. [30]When the bird came close, it jumped out of its nest and let Peter use it as a boat. Peter used his new boat to get home, where everyone was happy to see him.

(56[1,955]words)

負傷したピーターは、ネバーバードの巣をボートにして脱出することができました。

◆ **KEYWORDS**

☐ **Never Bird** [névəʳ bə́ːʳd]   ☐ **float** [flóʊt]

☐ **nest** [nést]   ☐ *come close*

◆ **KEY SENTENCES** (☞ p. 80)

[30]When the bird came close, / it jumped out of its nest / and / let Peter use it / as a boat.

7. Wendy's Story

Because Peter saved Tiger Lily's life, the Indians became their friends. The Indians stayed near the children's home and watched for pirates.

One night, Wendy told the children a bedtime story.

"Once upon a time," she said, "there were three children named Wendy, John, and Michael. They left their home and flew to Neverland and had a happy, fun time. But how do you think their parents felt?"

"Sad!" the lost boys cried.

"That's right. Mother and Father

ある夜、ウェンディがベッドタイムにした「子どもたちがいなくなって両親はどう感じているのか」という話をピーターは気に入りませんでした。

wanted their children home. When the children had enough fun in Neverland, they flew home. But they were all grown up."

Peter did not like the story.

Peter said, "[31]I once tried to go home, but when I flew to my window, there was a new boy in my room. That's how mothers are."

(132[2,087]words)

◆ **KEYWORDS**

☐ *watch for*
☐ **bedtime** [bédtàɪm]
☐ *bedtime story*
☐ **once** [wʌ́ns]

☐ **upon** [əpɑ́ːn]
☐ *once upon a time*
☐ **enough** [ɪnʌ́f]

◆ **KEY SENTENCES** (☞ p. 80)

[31]I once tried to go home, / but when I flew to my window, / there was a new boy / in my room.

This worried Wendy, John, and Michael. They wanted to go home. The lost boys also wanted to go.

[32]Peter did not want them to go, but he was too proud to ask them to stay. So he told Tinker Bell to help them fly back. But Peter Pan said he was staying.

"What?" the others cried. "Why?"

"I don't want a mother. I'm going to stay in Neverland and be a little boy forever."

[33]The others couldn't change Peter's mind, so they got ready to fly. Just then, the pirates came!

(91 [2,178] words)

ウェンディと弟たちは帰りたくなり、少年たちも行きたがりました。ピーターは自分は残ると言い、彼らが飛ぶ準備をしているとき海賊が現れました。

◆ **KEYWORDS**

☐ **proud** [práʊd]   ☐ *change someone's mind*
☐ *too proud to*   ☐ *get ready to*

◆ **KEY SENTENCES** (☞ p. 80)

[32] Peter did not want them to go, / but / he was too proud to ask them to stay.

[33] The others couldn't change Peter's mind, / so / they got ready to fly.

8. Pirates!

The children heard the pirates and Indians fighting outside. Soon, it became quiet. But who had won?

"When the Indians win, they always beat their drum," said Peter. So everyone listened for the drum.

Outside, Hook was happy. They had won the war. Smee was resting on the Indian drum.

Hook wanted to catch Peter and the boys, so he decided to trick them. He told Smee to beat on the drum.

The boys thought the Indians had won. They went out one by one. But when each

外で海賊とインディアンが戦い、静かになりました。太鼓の音が鳴って、インディアンが勝ったと思った子どもたちは、一人ずつ海賊に捕まりました。

boy went outside, the pirates caught him and tied him up.

[34]When everyone but Peter was caught, Hook sent the pirates back to the ship with the boys.

(116[2,294]words)

◆ **KEYWORDS**

☐ **outside** [áʊtsáɪd]
☐ **beat** [bíːt]
☐ **drum** [drʌ́m]
☐ _listen for_
☐ **war** [wɔ́ːʳ]

☐ **rest** [rést]
☐ **trick** [trík]
☐ _one by one_
☐ **tie** [táɪ]
☐ _send ~ back to_

◆ **KEY SENTENCES** (☞ p. 80)

[34]When everyone but Peter / was caught, / Hook sent the pirates back / to the ship / with the boys.

Hook waited for Peter to come outside. But Peter did not come out. Peter did not want a mother, and he did not want to leave Neverland. So he just stayed inside the house for a long time.

Hook could not wait any longer. He went inside and found Peter sleeping on a bed. [35]Next to Peter was a bottle of medicine that Peter took every night. Hook had a terrible idea.

Hook put poison in Peter's medicine. He thought when Peter drank the medicine, he would die.

When Peter woke up, he saw Tinker Bell at the door. She told Peter what had happened to the children.

"Oh no!" Peter cried. "I'll save them!"

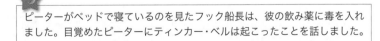

ピーターがベッドで寝ているのを見たフック船長は、彼の飲み薬に毒を入れました。目覚めたピーターにティンカー・ベルは起こったことを話しました。

But Peter felt bad for Wendy. He felt he was mean to her when she left with the lost boys. So he wanted to do something that would make her happy.

(146[2,440]words)

◆**KEYWORDS**

☐ *any longer*
☐ *next to*

☐ **poison** [pɔ́ɪzən]
☐ *feel bad for*

◆**KEY SENTENCES** (☞ p. 81)

[35] Next to Peter was / a bottle of medicine / that Peter took every night.

Wendy was always reminding Peter to take his medicine. [36]So, before he left to save the lost boys, he decided to take some to make Wendy happy.

"No!" cried Tinker Bell. "Hook poisoned it!"

But Peter didn't believe her and he tried to drink the medicine. Tinker Bell jumped in front of him and drank the poisoned medicine instead.

Tinker Bell's light began to fade.

"I drank the poison, and now I am going to die," said Tinker Bell.

"Oh Tink, why did you drink it for me?"

(88[2,528]words)

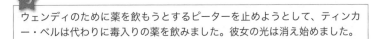

ウェンディのために薬を飲もうとするピーターを止めようとして、ティンカー・ベルは代わりに毒入りの薬を飲みました。彼女の光は消え始めました。

◆ KEYWORDS

☐ **remind** [rimáɪnd]   ☐ **fade** [féɪd]
☐ **believe** [bɪlíːv]   ☐ **Tink** [tíŋk]
☐ *in front of*

◆ KEY SENTENCES (☞ p. 81)

[36]So, / before he left / to save the lost boys, / he decided to
  take some / to make Wendy happy.

³⁷After all this time, Peter still did not understand that Tinker Bell was in love with him.

³⁸Peter knew that Tinker Bell would get stronger if children believed in fairies. There were no children there. But it was night time, so he spoke to all the children who were dreaming, "Do you believe?"

Tink thought she heard some children say, "Yes."

Peter shouted, "If you believe, clap your hands!"

Many, many dreaming children clapped. And as they clapped, Tinker Bell grew stronger and stronger. Finally, she jumped up. The dreaming children saved Tinker Bell!

ピーターは子どもたちが妖精を信じればティンカー・ベルが強くなることを知っていました。彼は夢を見ているすべての子どもたちに話しかけました。

"Now," Peter cried, "let's save Wendy!"

(100[2,628]words)

◆ **KEYWORDS**

☐ *after all this time*   ☐ *be in love with*
☐ *believe in*   ☐ **clap** [klǽp]
☐ **still** [stíl]

◆ **KEY SENTENCES** (☞ p. 81)

[37] After all this time, / Peter still did not understand / that / Tinker Bell was in love with him.

[38] Peter knew / that / Tinker Bell would get stronger / if children believed in fairies.

9. On the Jolly Roger

Captain Hook's ship, called the Jolly Roger, sat in the dark.

Hook was sad. He did not know why. It had been a very good day for him. He had won the war with the Indians, killed Peter Pan, and now he would kill the lost boys.

[39]Then he had a strange thought: "There will be no children to love me." He had never realized he wanted the children's love.

The pirates lined up the children in front of Hook.

"Six of you will die tonight," Hook said

ジョリー・ロジャー号の上で、海賊たちは少年たちをフック船長の前に並べました。フックはこの中に海賊に加わるものはいないか尋ねました。

to the boys. "But I need two new pirates. Who will join me?"

[40]The lost boys told Hook that they did not think their mothers wanted them to be pirates.

But John sometimes dreamed of being a pirate.

(126[2,754]words)

◆ **KEYWORDS**

☐ **Jolly Roger** [dʒáːli ráːdʒəʳ]   ☐ *line up*

☐ **been** [bín] < be   ☐ **tonight** [tənáit]

☐ **realize** [ríːəlàɪz]   ☐ *dream of*

☐ **line** [láɪn]

◆ **KEY SENTENCES** (☞ p. 81)

[39]Then he had a strange thought: / "There will be no children / to love me."

[40]The lost boys told Hook / that / they did not think / their mothers wanted them / to be pirates.

John thought hard, then told Hook he could not be a pirate and do the bad things pirates do.

Hook was angry. "What are your last words to the boys?" he asked Wendy.

Wendy was proud of the boys. So she gave the boys a message from their mothers: "We hope our sons will die like English gentlemen."

Even the pirates liked these last words.

Hook got even angrier. He prepared to kill the boys, but then he heard a sound.

It was the tick tick of the crocodile.

The sound came closer and closer. Hook was too scared to move.

ウェンディは「英国紳士のように死ぬことを願う」と少年たちに言いました。ワニの時計音が近づき、恐れたフックは「私を隠せ！」と叫びました。

"Hide me!" he cried.

^{41}The pirates hid Hook while the boys ran to the side of the ship to look for the crocodile. But it was not the crocodile coming to eat Hook. It was Peter!

(137[2,891]words)

◆**KEYWORDS**

☐ *be proud of*

☐ **gentlemen** [dʒéntəlmın]

   < gentleman

☐ **angry** [ǽŋgri]

☐ **prepare** [pripéəʳ]

☐ **scare** [skéəʳ]

☐ **hide** [háıd]

☐ **side** [sáıd]

◆**KEY SENTENCES** (☞ p. 81)

^{41} The pirates hid Hook / while the boys ran to the side of the ship / to look for the crocodile.

10. The Final Fight

Peter smiled up at the boys. He climbed aboard the ship and hid in a room.

The pirates thought the crocodile had left. Hook listened carefully.

After he was sure the crocodile was gone, Hook was angry that the boys had seen him when he was weak. [42]He asked the pirate Bill Jukes to bring him something to hit the boys with.

Bill Jukes went into the room where Peter was. There was a terrible cry, then silence.

The pirate Cecco went in the room to see what happened.

船に乗り込んだピーターは部屋に隠れました。フックと海賊たちは、ビルを殺したものと戦わせるために少年たちを一人ずつ部屋に押し込みました。

"Bill is dead!" Cecco yelled.

⁴³"Make those boys go into the room to fight the thing that killed Bill," Hook said. One by one the pirates pushed the boys into the room. Then the pirates shut the door and listened.

(129[3,020]words)

◆ **KEYWORDS**

☐ *smile up at*
☐ **final** [fáɪnəl]
☐ **aboard** [əbɔ́ːʳd]
☐ *climb aboard*
☐ **gone** [gɔ́ːn] < go

☐ **Bill Jukes** [bíl dʒúːks]
☐ **silence** [sáɪləns]
☐ **Cecco** [tʃékko]
☐ **dead** [déd]
☐ **shut** [ʃʌ́t]

◆ **KEY SENTENCES** (☞ p. 81)

⁴²He asked the pirate Bill Jukes / to bring him something / to hit the boys with.

⁴³"Make those boys / go into the room / to fight the thing / that killed Bill," / Hook said.

Inside the room, Peter untied each boy. Then he went outside to where Wendy was tied up. [44]He took her place and hid under a cloth.

When everyone was hidden, Peter called out, "Cock-a-doodle-doo!"

The pirates jumped! They were afraid of whatever was in the room.

"It's bad luck to have a girl on the ship," said Captain Hook. [45]"Let's kill her and maybe the thing in the room will go away."

Suddenly Peter threw off the cloth. "Lost boys, get the pirates!" Peter called.

There was a big fight. The boys beat the pirates quickly.

ピーターたちと海賊との大きな戦いになり、少年たちはすぐに海賊を圧倒しました。ピーターとの戦いに疲れたフックは船から飛び降りました。

Peter and Hook fought long and hard. Peter was winning and Hook was getting tired. Hook did not want to lose to Peter, so he jumped off the ship instead.

(126[3,146]words)

◆**KEYWORDS**

☐ **untie** [əntáɪ]
☐ *tie up*
☐ **place** [pléɪs]
☐ *take one's place*
☐ **cloth** [klɔ́ːθ]
☐ **hidden** [hídən] < hide
☐ **Cock-a-doodle-doo**
    [kàkədùːdəldúː]

☐ **whatever** [ʰwʌ̀tévəʳ]
☐ **luck** [lʌ́k]
☐ **threw** [θrúː] < throw
☐ *throw off*
☐ **quickly** [kwíkli]
☐ *get tired*
☐ *jump off*

◆**KEY SENTENCES** (☞ p. 82)

[44]He took her place / and hid under a cloth.

[45]"Let's kill her / and / maybe / the thing in the room / will go away."

Down in the water, the crocodile was waiting for Hook. And that was the end of Captain Hook's life. [46]When the crocodile swam away with Captain Hook in its belly, all the boys cheered. Peter Pan was a hero!

(39[3,185]words)

水の中ではワニがフックを待っていました。それがフック船長の最期になりました。ピーター・パンは英雄になりました。

♦ **KEYWORDS**

☐ **belly** [béli]   ☐ **hero** [híroʊ]
☐ **cheer** [tʃíəʳ]

♦ **KEY SENTENCES** (☞ p. 82)

[46] When the crocodile swam away / with Captain Hook / in its belly, / all the boys cheered.

11. The Return Home

Now the children owned the Jolly Roger. Peter became captain of the ship. Everyone prepared the ship to take Wendy, John, and Michael home. The lost boys would go with them. Some would never come back to Neverland.

Meanwhile, in England, Mr. and Mrs. Darling had become very sad people. [47]The children had been gone for a long, long time.

One night, Mrs. Darling was sleeping by the fire in the children's room. Her beautiful, happy face was now sad.

Suddenly, she thought she heard the sound of the children. But no one was there.

子どもたちはジョリー・ロジャー号に乗ってイギリスに帰る準備を始めました。一方、イギリスではダーリン夫妻はとても悲しい人になっていました。

"Oh, Nana," she cried. "I had a dream that my dear ones came back."

[48]Mr. Darling came home and wanted to shut the window, but Mrs. Darling insisted that the window must always be open in case the children returned.

(135[3,320]words)

◆ **KEYWORDS**

☐ *take someone home* ☐ **insist** [ìnsíst]
☐ **meanwhile** [mí:nwàɪl] ☐ *in case*
☐ **England** [íŋglənd]

◆ **KEY SENTENCES** (☞ p. 82)

[47]The children had been gone / for a long, / long time.
[48]Mr. Darling came home / and / wanted to shut the window, / but / Mrs. Darling insisted / that / the window must always be open / in case the children returned.

[49]Mrs. Darling went into the other room to play piano while Mr. Darling fell asleep in the children's room. Then, Peter and Tinker Bell flew into the room.

[50]Peter wanted to shut the window so that when Wendy came, she would think her mother locked them out. Then she would return to Neverland with Peter.

Suddenly the music stopped, and Mrs. Darling began crying. Peter felt terrible. He knew Mrs. Darling wanted Wendy back, but he wanted her too. He tried dancing to make himself laugh, but it didn't work.

"Oh, all right," Peter said as he opened the window. "Come on, Tink," he said. "We don't want mothers."

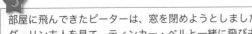

部屋に飛んできたピーターは、窓を閉めようとしましたが、突然泣き出したダーリン夫人を見て、ティンカー・ベルと一緒に飛び去って行きました。

With that, they flew away.

When Wendy, John, and Michael flew to their window, it was open.

(126[3,446]words)

◆ **KEYWORDS**

☐ **asleep** [əslíːp]
☐ *fall asleep*
☐ *so that*
☐ **lock** [láːk]

☐ *lock out*
☐ **music** [mjúːzɪk]
☐ *make someone laugh*

◆ **KEY SENTENCES** (☞ p. 82)

[49] Mrs. Darling went into the other room / to play piano / while / Mr. Darling fell asleep / in the children's room.

[50] Peter wanted to shut the window / so that / when Wendy came, / she would think / her mother lock them out.

It had been so long that Michael didn't remember his home at all.

John showed Michael his old bed.

"Oh yes," Michael said. But he did not sound very sure.

Then they heard someone playing piano.

"It's mother!" cried Wendy.

"Then you are not really our mother, Wendy?" asked Michael. He had forgotten his real mother.

Then Wendy knew they had been gone for too long. She felt very bad and decided everyone should go to bed.

"When mother comes in," explained

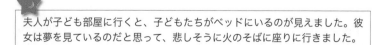

夫人が子ども部屋に行くと、子どもたちがベッドにいるのが見えました。彼女は夢を見ているのだと思って、悲しそうに火のそばに座りに行きました。

Wendy. "It will be just like we never went away."

[51] So when Mrs. Darling went into the children's room, she saw all the children in their beds. She thought she was dreaming again. The children waited for her happy cry, but she sadly went to sit by the fire.

(131 [3,577]words)

◆ **KEYWORDS**

☐ **sadly** [sǽdli]   ☐ *wait for*

◆ **KEY SENTENCES** (☞ p. 82)

[51] So / when Mrs. Darling went into the children's room, / she saw all the children / in their beds.

"Mother!" cried Wendy. But Mrs. Darling still thought it was a dream.

"Mother!" cried John.

Finally, Michael cried "Mother!" He remembered her now.

"That's Michael!" she cried. She put out her arms to hold her children. They jumped out of bed and ran to her. This time they were real.

Mr. Darling awoke and Nana came running. [52]There never was a happier sight. Peter watched all this through the window. [53]Peter had many kinds of happiness that many children couldn't have. He could fly. He knew fairies. But this was the only happiness he would never have.

(97[3,674]words)

「お母さん！」子どもたちは叫んでベッドから飛び出し、彼女のもとに駆け寄っていきました。ピーターはその幸せな光景を窓越しに見ていました。

◆ KEYWORDS

☐ *put out one's arms to*   ☐ **sight** [sáɪt]
☐ **awoke** [əwóʊk] < awake

◆ KEY SENTENCES (☞ p. 82)

[52] There never was a happier sight.

[53] Peter had many kinds of happiness / that / many children couldn't have.

12. Wendy Grows Up

Next, the lost boys went in and stood in front of Mrs. Darling. They hoped she would have them. [54]Mr. and Mrs. Darling immediately said they would be glad to have them, even though it was a small house and there were six lost boys.

They all went dancing through the house happily.

But what about Peter? He saw Wendy once more before leaving.

"Goodbye, Wendy," He said.

"Oh, dear. Are you going away?"

"Yes," said Peter.

ダーリン夫妻はロストボーイズも喜んで家族に迎えることにしました。ダーリン夫人はピーターに一緒に暮らすように言いましたが、彼は断りました。

Mrs. Darling invited Peter to stay with her family and the lost boys.

But Peter refused. [55]He did not want to go to a school or grow up to be a man.

"But where are you going to live?"

"With Tink in the house we built! The fairies will put the house up in the trees."

(133[3,807]words)

◆ **KEYWORDS**

☐ **immediately** [ìmíːdìːətli]   ☐ *once more*
☐ **though** [ðóʊ]   ☐ **refuse** [rəfjúːz]
☐ *even though*   ☐ *put up*

◆ **KEY SENTENCES** (☞ p. 82–83)

[54]Mr. and Mrs. Darling immediately said / they would be glad to have them, / even though / it was a small house / and there were six lost boys.

[55]He did not want to go to a school / or / grow up / to be a man.

"How wonderful!" Wendy cried.

"I shall have such fun," Peter said. "Come with me."

"May I, mummy?" Wendy asked.

"No," Mrs. Darling said. "You are home and I want to keep you."

"But Peter needs a mother!"

"So do you, my love," said Mrs. Darling.

But Mrs. Darling saw that Peter was sad.

[56]"What if Wendy goes to visit you for one week each spring?" she asked. This made Peter quite happy.

"You won't forget me by spring, Peter?" Wendy asked.

毎年春にウェンディが１週間訪問しに行く約束をして、ピーターは去っていきました。最初の春は、マイケルと２人でネバーランドに飛び立ちました。

Peter promised, then flew away.

Life at the house continued on. The boys went to school and little by little, they forgot how to fly. At first they just needed practice, but the truth was they didn't believe anymore.

But Michael believed longer. [57] So he was with Wendy when Peter came the first spring. They flew away together to Neverland.

(141 [3,948] words)

◆ **KEYWORDS**

☐ **mummy** [mʌ́mi]   ☐ **continue** [kəntínjuː]
☐ *So do you.*   ☐ *little by little*
☐ *what if*   ☐ *at first*
☐ **quite** [kwáɪt]   ☐ **truth** [trúːθ]
☐ **promise** [prɑ́ːməs]

◆ **KEY SENTENCES** (☞ p.83)

[56] "What if / Wendy goes to visit you / for one week / each spring?" / she asked.

[57] So / he was with Wendy / when Peter came / the first spring.

Wendy tried to talk to Peter about old times, but he had forgotten many things.

"Who is Captain Hook?" Peter asked. Wendy was shocked.

The next year, Peter didn't come to get her.

"Maybe he is sick," said Michael.

The next spring, Peter came again. [58]But that was the last time the girl Wendy ever saw him.

When Wendy was grown and married, she saw Peter once more.

Wendy had a daughter named Jane who loved to ask questions about Peter. [59]Jane lived in the same room that Wendy,

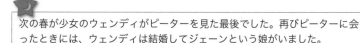

次の春が少女のウェンディがピーターを見た最後でした。再びピーターに会ったときには、ウェンディは結婚してジェーンという娘がいました。

John, and Michael had lived in when they were children.

One night, Wendy told Jane about flying with Peter.

"Why can't you fly now, mother?" asked Jane.

"Because I am a grown-up, dearest. Grown-ups forget how."

Then one night, a sad thing happened.

(132[4,080]words)

◆**KEYWORDS**
- **shock** [ʃáːk]
- **ever** [évəʳ]
- **married** [mérid]
- **Jane** [dʒéɪn]
- **grown-up** [gróʊnʌ̀p]
- **dearest** [dírəst]

◆**KEY SENTENCES** (☞ p. 83)

[58]But / that was the last time / the girl Wendy / ever saw him.

[59]Jane lived in the same room / that / Wendy, John, and Michael / had lived in / when they were children.

It was spring, and Peter flew into Jane's window. Wendy was sitting on the floor by the fire.

He was exactly the same as ever.

"Hello, Wendy." In the dark, Peter couldn't see how big Wendy was now.

"Is that Michael?" Peter asked, looking at Jane's bed.

"No," said Wendy. "This is a different girl."

Peter did not understand.

"Did you come to take me away?" asked Wendy.

"Yes! It's spring time. Did you forget?" [60]Wendy did not tell Peter that he had forgotten many, many spring times.

春になり、ピーターがジェーンの窓に飛んできました。ピーターは大人になったウェンディを見てショックで泣き出しました。

"I can't come. I forgot how to fly."

"I'll teach you again!" said Peter.

"Oh, Peter, don't waste the dust on me," Wendy said as she stood up. [61]Peter cried out in shock and pain when he saw how big she was.

"You promised not to grow up!" Peter cried.

(138[4,218]words)

◆ **KEYWORDS**

☐ *take someone away*　　☐ **waste** [wéɪst]
☐ **pain** [péɪn]　　　　　☐ *stand up*

◆ **KEY SENTENCES** (☞ p. 83–84)

[60]Wendy did not tell Peter / that / he had forgotten / many, many spring times.

[61]Peter cried out in shock / and pain / when he saw / how big she was.

"I couldn't help it. And this girl in the bed is my baby."

Peter sat down and began to cry. Wendy did not know what to do. She ran out of the room to think. The crying woke up Jane.

"Hello," Peter said as he remembered his manners.

"Hello," said Jane.

"My name is Peter Pan. [62]I came back for my mother to take her to Neverland."

"Yes, I know," Jane said. "I have been waiting for you."

[63]When Wendy came back, she found Peter sitting on the bed, happy. Jane was flying around the room.

ジェーンが目を覚まし、ピーターに「あなたを待っていたわ」と言いました。ジェーンは、ピーターと一緒に窓に向かって飛んでいきました。

"Peter needs a mother," Jane said to Wendy.

"Yes, I know," said Wendy.

Peter rose in the air. Jane rose with him. Together they flew to the window.

"No, no!" cried Wendy.

(128[4,346]words)

◆ **KEYWORDS**

☐ *I can't help it.*
☐ **crying** [kráɪŋ]
☐ *sit down*

☐ **manner** [mǽnəʳ]
☐ **rose** [róʊz] < rise
☐ **air** [éəʳ]

◆ **KEY SENTENCES** (☞ p. 83)

[62] I came back / for my mother / to take her / to Neverland.
[63] When Wendy came back, / she found Peter sitting on the bed, happy.

"It's just for a week," Jane said. "Peter needs my help."

[64]Wendy let them fly away and watched by the window until they were as small as stars.

But that was a long time ago. Now Jane is a grown-up with a daughter called Margaret. Every spring time, except when he forgets, Peter comes for Margaret. They go together to Neverland. When Margaret grows up she will have a daughter. Then it will be her turn to be Peter's mother.

And this will go on always, so long as children know how to fly.

(94[4,440]words)

ウェンディは2人が飛んでいくのを窓辺で見守りました。子どもたちが空を飛ぶことを知っている限り、このことはずっと続いていくのでしょう。

◆ KEYWORDS

☐ **Margaret** [máːˤɡərɪt] ☐ *go on*
☐ **except** [ɪksépt] ☐ *so long as*
☐ **turn** [tə́ːˤn]

◆ KEY SENTENCES (☞ p. 83)

[64] Wendy let them fly away / and / watched by the window / until they were as small as stars.

〈 KEY SENTENCES の訳 〉

1. Wendy was two years old when she learned she would grow up.
   ウェンディは、自分が成長することを知ったのは2歳のときでした。

2. Wendy was playing in the flowers when her mother said, "Oh, can't you be like this forever?"
   ウェンディは花の中で遊んでいたとき、母親が「ああ、いつまでもこのままでいられないの?」と言いました。

3. After Mrs. Darling cried out, Nana, the big dog, came into the room and jumped on the boy.
   ダーリン夫人が叫んだ後、大きな犬のナナが部屋に入ってきて、少年に飛びかかりました。

4. But Nana caught the boy's shadow in her mouth, and Mrs. Darling put the shadow in a box.
   しかし、ナナは少年の影を口にくわえ、ダーリング夫人はその影を箱に入れました。

5. Peter and Tinker Bell found his shadow in a big box where Mrs. Darling put it.
   ピーターとティンカー・ベルは、ダーリン夫人が置いた大きな箱の中から彼の影を見つけました。

6. Peter wanted to put his shadow back on, but he could not.
   ピーターは自分の影を元どおりにくっつけようとしましたが、できませんでした。

7. "I'll sew it on for you," she said, and she sewed the shadow onto Peter's foot.
   「あなたのために縫ってあげるわ」と言って、彼女はピーターの足に影を縫いつけました。

8. I ran away so I would not have to grow up.
   僕は大人にならないために、逃げたんだ。

9. He had left Tinker Bell in the box.
   彼はティンカー・ベルを箱に入れたままにしていました。

10. She did not like Peter to have friends who were girls.
    彼女はピーターが女の子の友だちを作るのが気に入りませんでした。

11. Wendy was so excited that she woke up her little brothers, John and Michael.
    ウェンディは興奮して、弟のジョンとマイケルを起こしてしまいました。

12. He took some fairy dust from Tinker Bell and put it on them.
   彼はティンカー・ベルから妖精の粉を取って、彼らにつけてあげました。

13. They could not sleep or they would fall.
   彼らは落ちそうになるので、眠ることができませんでした。

14. The children ate by taking food from the mouths of birds that flew past them.
   子どもたちは、自分たちの前を飛んできた鳥の口から食べ物を取って食べました。

15. The children stayed close to Peter as they flew lower and lower.
   子どもたちはどんどん低く飛ぶときに、ピーターから離れないようにしました。

16. Peter had cut off his hand in a fight and now he had a hook instead of a hand.
   ピーターが彼の片手を戦いで切り落としたので、今では彼は手の代わりに鉤<rt>かぎ</rt>をつけていました。

17. He was mean to his men as they searched for the lost boys.
   彼は手下がロストボーイズを捜しているとき、彼らに意地悪でした。

18. They remembered when their mothers used to tell them stories.
   彼らは、母親が昔話をしてくれたときのことを思い出していた。

19. When the pirates arrived, they didn't know the boys were right under them.
   海賊が到着したとき、彼らは少年たちが彼らの真下にいることを知りませんでした。

20. This made Hook afraid of the crocodile more than anything.
   このことがフックに何よりもワニを恐れさせました。

21. When everything was quiet, the lost boys came out from their home under the ground.
   すべてが静かになったとき、ロストボーイズは地中の家から出てきました。

22. When Tootles saw that he had shot a lady, he knew he had done something very bad.
   トゥートルズは自分がレディーを撃ったのを見て、自分が何かとても悪いことをしたと思いました。

23. The arrow hit the button on a chain that Peter gave her.
   矢はピーターが彼女にあげた鎖のボタンに当たりました。

24. Everything was going fine until one day something dangerous happened at the lake where the mermaids lived.
   すべてが順調に進んでいましたが、ある日、人魚たちが住む湖で危険なことが起こりました。

25. One day, while the children were playing at the lake where the mermaids lived, it became very dark.

ある日、人魚たちの住む湖で子どもたちが遊んでいると、とても暗くなりました。

26. The pirates were surprised to hear Captain Hook, and did not understand why he changed his mind.

海賊たちはフック船長の話を聞いて驚き、なぜ船長が心変わりしたのかが理解できませんでした。

27. He was worried they wouldn't come out to fight or do dangerous things anymore.

彼は、彼らがもう戦うために出てきたり、危険なことをしたりしないのではないかと心配していました。

28. If the lost boys wouldn't fight them, they would not have anyone else to fight.

もしロストボーイズが彼らと戦わなければ、彼らには戦う相手がいなくなってしまうのでした。

29. Peter was too tired to leave, but he needed to move or he would be under water.

ピーターは疲れすぎて立ち去れませんでしたが、移動する必要がありました。そうしなければ水没してしまいます。

30. When the bird came close, it jumped out of its nest and let Peter use it as a boat.

鳥が近づくと、その鳥は巣から飛び出して、ピーターにそれをボートとして使わせてくれました。

31. I once tried to go home, but when I flew to my window, there was a new boy in my room.

僕は一度家に帰ろうとしたことがあるのだけれど、窓際に飛んでいくと、部屋には新しい男の子がいたんだ。

32. Peter did not want them to go, but he was too proud to ask them to stay.

ピーターは彼らに行ってほしくありませんでしたが、彼らにとどまるように頼むには彼はプライドが高すぎました。

33. The others couldn't change Peter's mind, so they got ready to fly.

他の人たちはピーターの心を変えることができなかったので、彼らは飛ぶ準備をしました。

34. When everyone but Peter was caught, Hook sent the pirates

back to the ship with the boys.
ピーター以外の全員が捕まったとき、フックは少年たちと一緒に海賊たちを船に送り返した。

35. Next to Peter was a bottle of medicine that Peter took every night.
ピーターの隣には、ピーターが毎晩飲んでいる薬のびんがありました。

36. So, before he left to save the lost boys, he decided to take some to make Wendy happy.
それで、彼はロストボーイズを救うために出発する前に、彼はウェンディを喜ばせるためにいくらか飲むことにしました。

37. After all this time, Peter still did not understand that Tinker Bell was in love with him.
今になっても、ティンカー・ベルが自分に恋をしていることをピーターはまだ理解していませんでした。

38. Peter knew that Tinker Bell would get stronger if children believed in fairies.
ピーターは、子どもたちが妖精を信じれば、ティンカー・ベルが強くなることを知っていました。

39. Then he had a strange thought: "There will be no children to love me."
それから彼は奇妙な考えを抱きました：「私を愛してくれるような子どもはいないだろう」。

40. The lost boys told Hook that they did not think their mothers wanted them to be pirates.
ロストボーイズはフックに、母親が自分たちを海賊にしたいと思っていないとフックに話しました。

41. The pirates hid Hook while the boys ran to the side of the ship to look for the crocodile.
海賊はフックを隠し、少年たちはワニを探すために船の横に走りました。

42. He asked the pirate Bill Jukes to bring him something to hit the boys with.
彼は海賊のビル・ジュークスに、少年たちを殴るものを何か持ってくるように頼みました。

43. "Make those boys go into the room to fight the thing that killed Bill," Hook said.
「ビルを殺したものと戦うために、少年たちを部屋の中に入れさせろ」とフックは言いました。

44. He took her place and hid under a cloth.
彼は彼女に取って代わり、布の下に隠れました。

45. Let's kill her and maybe the thing in the room will go away.
「彼女を殺そう、そうすれば部屋の中のものはどこかに行ってしまうかもしれない」

46. When the crocodile swam away with Captain Hook in its belly, all the boys cheered.
ワニがフック船長を腹に抱えて泳ぎ去ると、少年たちは全員で歓声をあげました。

47. The children had been gone for a long, long time.
子どもたちは長い間、いなくなったままでした。

48. Mr. Darling came home and wanted to shut the window, but Mrs. Darling insisted that the window must always be open in case the children returned.
ダーリング氏は家に帰ってきて窓を閉めたがりましたが、ダーリング夫人は、子どもたちが戻ってきたときのために窓は常に開けておかなければならないと主張しました。

49. Mrs. Darling went into the other room to play piano while Mr. Darling fell asleep in the children's room.
ダーリング夫人はピアノを弾くために別の部屋にいきましたが、ダーリング氏は子ども部屋で寝ました。

50. Peter wanted to shut the window so that when Wendy came, she would think her mother lock them out.
ピーターは、ウェンディが来たとき、母親に閉め出されたと思われるように、窓を閉めたいと思いました。

51. So when Mrs. Darling went into the children's room, she saw all the children in their beds.
それで、ダーリング夫人が子ども部屋に入ったとき、子どもたちがみんなベッドにいるのが見えました。

52. There never was a happier sight.
これほど幸せな光景はありませんでした。

53. Peter had many kinds of happiness that many children couldn't have.
ピーターには、多くの子どもたちが持つことのできないような、いろいろな種類の幸せがありました。

54. Mr. and Mrs. Darling immediately said they would be glad to have them, even though it was a small house and there were six lost boys.

ダーリン夫妻は、小さな家でロストボーイズは6人もいたにもかかわらず、すぐに喜んで彼らを迎えたいと言いました。

55. He did not want to go to a school or grow up to be a man.
彼は学校に行くのも、大人に成長するのも嫌でした。

56. "What if Wendy goes to visit you for one week each spring?" she asked.
「ウェンディが毎年春に一週間会いに行くとしたらどうですか」と彼女は尋ねました。

57. So he was with Wendy when Peter came the first spring.
それで、ピーターが最初の春に来たとき、彼はウェンディと一緒でした。

58. But that was the last time the girl Wendy ever saw him.
しかし、それは少女ウェンディがこれまで彼に会った最後の時でした。

59. Jane lived in the same room that Wendy, John, and Michael had lived in when they were children.
ジェーンは、ウェンディ、ジョン、マイケルが子どもだったときに住んでいた部屋と同じ部屋に住んでいました。

60. Wendy did not tell Peter that he had forgotten many, many spring times.
ウェンディはピーターに、彼が春のことを何度も何度も忘れていたことを言いませんでした。

61. Peter cried out in shock and pain when he saw how big she was.
ピーターは、彼女がどれほど大きくなったかを見て、ショックと痛みで泣き出しました。

62. I came back for my mother to take her to Neverland.
お母さんをネバーランドに連れて行くために戻ってきました。

63. When Wendy came back, she found Peter sitting on the bed, happy.
ウェンディが戻ってくると、ピーターがベッドの上で幸せそうに座っているのを見つけました。

64. Wendy let them fly away and watched by the window until they were as small as stars.
ウェンディは彼らを飛び立たせ、星のように小さくなるまで窓辺で見ていました。

Word List

A
B
C
D
E
F
G
H
I
J
K
L
M
N
O
P
Q
R
S
T
U
V
W
X
Y
Z

・語形が規則変化する語の見出しは原形で示しています。不規則変化語は本文中で使われている形になっています。

・一般的な意味を紹介していますので、一部の語で本文で実際に使われている品詞や意味と合っていないことがあります。

・品詞は以下のように示しています。

名名詞	代代名詞	形形容詞	副副詞	動動詞	助助動詞
前前置詞	接接続詞	間間投詞	冠冠詞	略略語	俗俗語
熟熟語	頭接頭語	尾接尾語	記記号	関関係代名詞

A

☐ **a** 冠 ①1つの, 1人の, ある ②~につき

☐ **aboard** 前 ~に乗って climb aboard 乗り込む

☐ **about** 前 ①~について ②~のまわりに[の]

☐ **afraid** 形 ①心配して ②恐れて, こわがって be afraid of ~を恐れる, ~を怖がる

☐ **after** 前 ①~の後に[で], ~の次に ②《前後に名詞がきて》次々に~, 何度も~《反復・継続を表す》 接(~した)後に[で]

☐ **again** 副 再び, もう一度

☐ **ago** 副 ~前に

☐ **ahead** 副 ①前方へ[に] ②前もって ③進歩して, 有利に ahead of ~より先[前]に, ~に先んじて

☐ **aim** 名 ねらい, 目標 take aim 狙いを定める

☐ **air** 名 ①《the –》空中, 空間 ②空気,《the –》大気 ③雰囲気, 様子

☐ **alive** 形 ①生きている ②活気のある, 生き生きとした

☐ **all** 形 すべての, ~中 after all this time 今になって 代 全部, すべて(のもの[人]) after all やはり, 結局 not ~ at all 少しも[全然]~ない you all 皆さん, 諸君全員 副 まったく, すっかり all right 大丈夫で, よろしい, 申し分ない, わかった, 承知した

☐ **also** 副 ~も(また), ~も同様に 接 その上, さらに

☐ **always** 副 いつも, 常に

☐ **am** 動 ~である, (~に)いる[ある]《主語がIのときのbeの現在形》

☐ **an** 冠 ①1つの, 1人の, ある ②~につき

☐ **and** 接 ①そして, ~と… ②《同じ語を結んで》ますます ③《結果を表して》それで, だから

□ **angry** 形 怒って, 腹を立てて

□ **animal** 名 動物 形 動物の

□ **answer** 動 ①答える, 応じる ②《– for ~》~の責任を負う 名 答え, 応答, 返事

□ **any** 形 ①《疑問文で》何か, いくつかの ②《否定文で》何も, 少しも（~ない）③《肯定文で》どの~も 代 ①《疑問文で》(~のうち) 何か, どれか, 誰か ②《否定文で》少しも, 何も［誰も］~ない ③《肯定文で》どれも, 誰でも

□ **anymore** 副《通例否定文, 疑問文で》今はもう, これ以上, これから

□ **anyone** 代 ①《疑問文・条件節で》誰か ②《否定文で》誰も（~ない）③《肯定文で》誰でも

□ **anything** 代 ①《疑問文で》何か, どれでも ②《否定文で》何も, どれも（~ない）③《肯定文で》何でも, どれでも **more than anything** 何にも増して

□ **are** 動 ~である, (~に) いる［ある］《主語が you, we, they または複数名詞のときのbeの現在形》

□ **arm** 名 ①腕 ②腕状のもの, 腕木, ひじかけ ③《-s》武器, 兵器 **put out one's arms to** 両手を (人) に差し出す

□ **around** 前 ~のまわりに, ~のあちこちに

□ **arrive** 動 到着する, 到達する

□ **arrow** 名 矢, 矢のようなもの

□ **as** 接 ①《as ~ as …の形で》…と同じくらい~ ②~のとおりに, ~のように ③~しながら, ~しているときに ④~するにつれて, ~にしたがって ⑤~なので ⑥~だけれども ⑦~する限りでは 前 ①~として (の) ②~の時 副 同じくらい 代 ①~のような ②~だが **as ever** 相変わらず, これまでのように **as time goes on** 時がたつにつれて **so long as** ~する限りは **the same ~ as** … …と同じ (ような) ~

□ **ask** 動 ①尋ねる, 聞く ②頼む, 求める

□ **asleep** 形 眠って (いる状態の) **fall asleep** 眠り込む, 寝入る

□ **at** 前 ①《場所・時》~に［で］②《目標・方向》~に［を］, ~に向かって ③《原因・理由》~を見て［聞いて・知って］④~に従事して, ~の状態で

□ **ate** 動 eat (食べる) の過去

□ **attack** 動 襲う, 攻める

□ **awake** 動 ①目覚めさせる ②目覚める

□ **away** 副 離れて, 遠くに, 去って, わきに

□ **awoke** 動 awake (目覚めさせる) の過去

B

□ **baby** 名 赤ん坊

□ **back** 副 ①戻って ②後ろへ［に］形 裏の, 後ろの

□ **bad** 形 ①悪い, へたな, まずい ②気の毒な ③ (程度が) ひどい, 激しい **bad luck** 災難, 不運, 悪運 **feel bad for** (人) を気の毒に思う

□ **bay** 图湾, 入り江

□ **be** 動~である, (~に)いる[ある], ~となる 助 ①《現在分詞とともに用いて》~している ②《過去分詞とともに用いて》~される, ~されている

□ **beat** 動 ①打つ, 鼓動する ②打ち負かす

□ **beautiful** 形美しい, すばらしい

□ **became** 動become (なる) の過去

□ **because** 接 (なぜなら) ~だから, ~という理由[原因]で

□ **become** 動 ①(~に) なる ②(~に) 似合う ③becomeの過去分詞

□ **bed** 图 ①ベッド, 寝所 ②花壇, 川床, 土台 go to bed 床につく, 寝る

□ **bedtime** 图就寝の時刻 bedtime story (子どもを寝かしつけるときの) おとぎ話

□ **been** 動be (~である) の過去分詞 助be (~している・~される) の過去分詞

□ **before** 前~の前に[で], ~より以前に 接~する前に

□ **began** 動begin (始まる) の過去

□ **behind** 前 ①~の後ろに, ~の背後に ②~に遅れて, ~に劣って

□ **being** 動be (~である) の現在分詞

□ **believe** 動信じる, 信じている, (~と) 思う, 考える believe in ~を信じる

□ **bell** 图ベル, 鈴, 鐘

□ **belly** 图腹

□ **big** 形大きい

□ **Bill Jukes** ビル・ジュークス《人名》

□ **bird** 图鳥

□ **black** 形黒い, 有色の

□ **blue** 形青い

□ **boat** 图ボート, 小舟, 船

□ **boom** 图ブーンという音

□ **born** 動be born 生まれる

□ **bottle** 图瓶, ボトル

□ **bow** 图弓, 弓状のもの

□ **box** 图箱, 容器

□ **boy** 图少年, 男の子

□ **branch** 图枝

□ **bring** 動 ①持ってくる, 連れてくる ②もたらす, 生じる

□ **brother** 图 ①兄弟 ②同僚, 同胞

□ **brought** 動bring (持ってくる) の過去, 過去分詞

□ **build** 動建てる, 確立する build ~ out of …から~を作り上げる

□ **built** 動build (建てる) の過去, 過去分詞

□ **but** 接 ①でも, しかし ②~を除いて not ~ but … ~ではなくて…

□ **button** 图ボタン, ボタン状の物

□ **by** 前 ①《位置》~のそばに[で] ②《手段・方法・行為者・基準》~によって, ~で ③《期限》~までには ④《通過・経由》~を経由して, ~を通って by the window 窓辺に followed by その後に~が続いて little by little 少しずつ one by one 1つずつ, 1人ずつ

C

□ **call** 動呼ぶ, 叫ぶ call out 叫ぶ, 呼び出す, 声を掛ける

□ **came** 動 come (来る) の過去

□ **can** 助 ①〜できる ②〜してもよい ③〜でありうる ④《否定文で》〜のはずがない I can't help it. どうしようもない。

□ **captain** 名長, 船長, 首領, 主将

□ **Captain Hook** フック船長《人名》

□ **carefully** 副注意深く, 丹念に

□ **case** 名 ①事件, 問題, 事柄 ②実例, 場合 ③実状, 状況, 症状 ④箱 in case 〜だといけないので, 念のため, 万が一

□ **catch** 動つかまえる

□ **caught** 動 catch (つかまえる) の過去, 過去分詞

□ **Cecco** 名チェッコ《人名》

□ **chain** 名鎖

□ **change** 動 ①変わる, 変える ②交換する ③両替する change someone's mind (人) の考えを変えさせる

□ **check** 動 ①照合する, 検査する ②阻止 [妨害] する ③(所持品を) 預ける check on 〜を調べる

□ **cheer** 動 ①元気づける ②かっさいを送る

□ **children** 名 child (子ども) の複数

□ **clap** 動 (手を) たたく

□ **clean** 動掃除する, よごれを落とす

□ **climb** 動登る, 徐々に上がる climb aboard 乗り込む

□ **clock** 名掛け [置き] 時計

□ **close** 形 ①近い ②親しい ③狭い close to 〜の近くに closer and closer どんどん近づく 副 ①接近して ②密集して come close 近づく, 接近する

□ **cloth** 名布 (地), テーブルクロス, ふきん

□ **clothes** 名衣服, 身につけるもの

□ **cock-a-doodle-doo** 名《おんどりの鳴き声の》コケコッコー

□ **come** 動 ①来る, 行く, 現れる ②(出来事が) 起こる, 生じる ③〜になる ④come の過去分詞 come back 戻る come back for 〜の目的で戻って来る come back to 〜へ帰ってくる, 〜に戻る come close 近づく, 接近する come for 〜の目的で来る come in 中にはいる come into 〜に入ってくる come on いいかげんにしろ, もうよせ, さあ来なさい come out 出てくる, 出掛ける, 姿を現す come out from 〜から出てくる come running 飛んでくる, かけつける

□ **continue** 動続く, 続ける, (中断後) 再開する, (ある方向に) 移動していく

□ **could** 助 ①can (〜できる) の過去 ②《控え目な推量・可能性・願望などを表す》

□ **crocodile** 名クロコダイル

□ **cry** 動泣く, 叫ぶ, 大声を出す, 嘆く cry out 叫ぶ 名泣き声, 叫び, かっさい

□ **crying** 名号泣

□ **Curly** 图カーリー《人名》

□ **cut** 動①切る, 刈る ②短縮する, 削る ③cutの過去, 過去分詞 **cut off** 切断する, 切り離す

D

□ **dance** 動踊る, ダンスをする **go dancing through** 踊りながら練り歩く

□ **dangerous** 形危険な, 有害な

□ **dark** 形①暗い, 闇の ②(色が)濃い, (髪が)黒い ③陰うつな 图①《the –》暗がり, 闇 ②日暮れ, 夜 ③暗い色[影]

□ **Darling** 图ダーリング《人名》

□ **daughter** 图娘

□ **day** 图①日中, 昼間 ②日, 期日 ③《-s》時代, 生涯 **one day** (過去の)ある日, (未来の)いつか

□ **dead** 形①死んでいる, 活気のない, 枯れた ②まったくの

□ **dear** 形いとしい, 親愛なる, 大事な 間まあ, おや

□ **dearest** 图〈古〉いとしい人《呼び掛けとして》

□ **decide** 動決定[決意]する, (~しようと)決める, 判決を下す **decide to do** ~することに決める

□ **did** 助doの過去

□ **die** 動死ぬ, 消滅する **leave someone to die** (人)を見殺しにする[が死ぬのを放置する]

□ **different** 形異なった, 違った, 別の, さまざまな

□ **difficult** 形困難な, むずかしい, 扱いにくい

□ **do** 助①《ほかの動詞とともに用いて現在形の否定文・疑問文をつくる》②《同じ動詞を繰り返す代わりに用いる》③《動詞を強調するのに用いる》動~をする

□ **does** 助doの3人称単数現在

□ **dog** 图犬

□ **done** 動do(~をする)の過去分詞 **will have done** ~してしまっているだろう《未来完了形》

□ **door** 图①ドア, 戸 ②一軒, 一戸

□ **down** 副①下へ, 降りて, 低くなって ②倒れて 前~の下方へ, ~を下って **fall down** 落ちる, 転ぶ **go down** 下に降りる **lay down on** ~の上に横たわる **sit down** 座る, 腰を下ろす 形下方の, 下りの

□ **dream** 图夢, 幻想 **have a dream** 夢を見る[持つ] 動(~の)夢を見る, 夢想[想像]する **dream of** ~を夢見る

□ **dress** 動①服を着る[着せる] ②飾る

□ **drink** 動飲む

□ **drum** 图太鼓, ドラム

□ **dust** 图ちり, ほこり, ごみ, 粉

E

□ **each** 形それぞれの, 各自の 副それぞれに **each other** お互いに

□ **easy** 形①やさしい, 簡単な ②気楽な, くつろいだ

□ **eat** 動食べる, 食事する

□ **else** 副 ①そのほかに[の], 代わりに ②さもないと

□ **empty** 形 ①空の, 空いている ②(心などが)ぼんやりした, 無意味な

□ **end** 名 ①終わり, 終末, 死 ②果て, 末, 端 ③目的

□ **England** 名 ①イングランド ②英国

□ **English** 形 ①英語の ②英国(人)の

□ **enough** 形 十分な, (~するに)足る

□ **enter** 動 ①入る, 入会[入学]する[させる] ②記入する ③(考えなどが)(心・頭に)浮かぶ

□ **even** 副 ①《強意》~でさえも, ~ですら, いっそう, なおさら ②平等に **even though** ~であるけれども, ~にもかかわらず

□ **ever** 副 ①今までに, これまで, かつて, いつまでも ②《強意》いったい **as ever** 相変わらず, これまでのように

□ **every** 形 ①どの~も, すべての, あらゆる ②毎~, ~ごとの

□ **everyone** 代 誰でも, 皆

□ **everything** 代 すべてのこと[もの], 何でも, 何もかも

□ **exactly** 副 ①正確に, 厳密に, ちょうど ②まったくそのとおり

□ **except** 接 ~ということを除いて

□ **excited** 形 興奮した, わくわくした

□ **explain** 動 説明する, 明らかにする, 釈明[弁明]する

□ **eye** 名 目

F

□ **face** 名 顔, 顔つき

□ **fade** 動 ①しぼむ, しおれる ②色あせる, 衰える

□ **fairy** 名 妖精

□ **fall** 動 落ちる, 倒れる **fall asleep** 眠り込む, 寝入る **fall down** 落ちる, 転ぶ

□ **family** 名 家族, 家庭, 一門, 家柄

□ **far** 副 ①遠くに, はるかに, 離れて ②《比較級を強めて》ずっと, はるかに 形 遠い, 向こうの

□ **father** 名 父親

□ **fear** 名 ①恐れ ②心配, 不安 **in fear** おびえて, ビクビクして

□ **fed** 動 feed(食物を与える)の過去, 過去分詞

□ **feed** 動 食物を与える

□ **feel** 動 感じる, (~と思う) **feel bad for** (人)を気の毒に思う

□ **feet** 名 foot (足)の複数

□ **fell** 動 fall (落ちる)の過去

□ **felt** 動 feel (感じる)の過去, 過去分詞

□ **fight** 動 (~と)戦う, 争う 名 戦い, 争い

□ **fighting** 名 戦闘

□ **final** 形 最後の, 決定的な

□ **finally** 副 最後に, ついに, 結局

□ **find out** 見つけ出す, 気がつく, 知る, 調べる

□ **fine** 形 ①元気な ②美しい, りっぱな, 申し分ない, 結構な

□ **fire** 名火, 炎, 火事 動発射する

□ **first** 名最初, 第一(の人・物) **at first** 最初は, 初めのうちは 形 ①第一の, 最初の ②最も重要な **for the first time** 初めて 副第一に, 最初に

□ **flew** 動fly (飛ぶ)の過去

□ **float** 動 ①浮く, 浮かぶ ②漂流する ③(心に)浮かぶ ④《be ～ing》(うわさなどが)広まる

□ **floor** 名床, 階

□ **flower** 名花, 草花

□ **fly** 動飛ぶ, 飛ばす **fly around** 飛び回る **fly away** 飛び去る **fly out** 飛び出す **fly over** 飛び超える, 上空を飛ぶ **fly to** ～まで飛んで行く

□ **follow** 動 ①ついていく, あとをたどる ②(～の)結果として起こる ③(忠告などに)従う ④理解できる **followed by** その後に～が続いて

□ **food** 名食物, えさ, 肥料

□ **foot** 名足

□ **for** 前 ①《目的・原因・対象》～にとって, ～のために[の], ～に対して ②《期間》～間 ③《代理》～の代わりに ④《方向》～へ(向かって) **for a week** 1週間 **for the first time** 初めて

□ **forest** 名森林

□ **forever** 副永遠に, 絶えず

□ **forget** 動忘れる, 置き忘れる

□ **forgot** 動forget (忘れる)の過去

□ **forgotten** 動forget (忘れる)の過去分詞

□ **fought** 動fight (戦う)の過去, 過去分詞

□ **found** 動find (見つける)の過去, 過去分詞

□ **Friday** 名金曜日

□ **friend** 名友だち, 仲間

□ **from** 前 ①《出身・出発点・時間・順序・原料》～から ②《原因・理由》～がもとで

□ **front** 名正面, 前 **in front of** ～の前に, ～の正面に

□ **fun** 名楽しみ, 冗談, おもしろいこと **have fun** 楽しむ 形楽しい, ゆかいな

G

□ **gave** 動give (与える)の過去

□ **gentleman** 名紳士

□ **gentlemen** 名gentleman (紳士)の複数

□ **get** 動 ①得る, 手に入れる ②(ある状態に)なる, いたる ③わかる, 理解する ④～させる, ～を(…の状態に)する ⑤(ある場所に)達する, 着く **get home** 家に着く[帰る] **get ready to** ～する用意[支度]をする **get tired** 疲れる **get ～ back** ～を取り返す[戻す]

□ **girl** 名女の子, 少女

□ **give** 動 ①与える, 贈る ②伝える, 述べる ③(～を)する **give an order** 命令を出す

□ **given** 動give (与える)の過去分詞

□ **glad** 形うれしい, 喜ばしい **be**

glad to do ～してうれしい, 喜んで
～する

□ **go** 動 ①行く, 出かける ②動く
③進む, 経過する, いたる ④（ある
状態に）なる **be going to** ～する
つもりである **as time goes on** 時
がたつにつれて **go away** 立ち去る
go dancing through 踊りながら
練り歩く **go down** 下に降りる **go
home** 帰宅する **go in** 中に入る,
開始する **go into** ～に入る, （仕事）
に就く **go on** 続く, 続ける, 進み続
ける, 起こる, 発生する **go out** 外
出する, 外へ出る **go to bed** 床に
つく, 寝る **go with** ～と一緒に行
く, ～と調和する, ～にとても似合
う **let ～ go**（拘束している状態か
ら）～を放す[解放する]

□ **gone** 動 go（行く）の過去分詞
形 去った, 使い果たした, 死んだ

□ **good** 形 ①よい, 上手な, 優れた,
美しい ②（数量・程度が）かなりの,
相当な

□ **goodbye** 間 さようなら

□ **got** 動 get（得る）の過去, 過去分
詞

□ **great** 形 ①大きい, 広大な, （量や
程度が）たいへんな ②偉大な, 優れ
た ③すばらしい, おもしろい

□ **grew** 動 grow（成長する）の過去

□ **ground** 名 地面, 土, 土地

□ **grow** 動 ①成長する, 育つ, 育て
る ②増大する, 大きくなる, （次第
に～に）なる **grow -er and -er**
～にますます～する **grow up** 成長
する, 大人になる **grow up to be**
成長して～になる

□ **grown** 動 grow（成長する）の過

去分詞 形 成長した, 成人した

□ **grown-up** 名 大人, 成人

□ **gun** 名 銃, 大砲

H

□ **had** 動 have（持つ）の過去, 過去
分詞 助 have の過去《過去完了の
文をつくる》

□ **hair** 名 髪, 毛

□ **hand** 名 手

□ **happen** 動 ①（出来事が）起こる,
生じる ②偶然[たまたま]～する

□ **happily** 副 幸福に, 楽しく, うまく,
幸いにも

□ **happiness** 名 幸せ, 喜び

□ **happy** 形 幸せな, うれしい, 幸運
な, 満足して **be happy to do** ～し
てうれしい, 喜んで～する

□ **hard** 副 ①一生懸命に ②激しく
③堅く

□ **have** 動 ①持つ, 持っている, 抱
く ②（～が）ある, いる ③食べる,
飲む ④経験する, （病気に）かかる
⑤催す, 開く ⑥（人に）～させる
have to ～しなければならない
have a dream 夢を見る[持つ]
have fun 楽しむ 助《〈have ＋過
去分詞〉の形で現在完了の文をつく
る》～した, ～したことがある, ず
っと～している **will have done**
～してしまっているだろう《未来完
了形》

□ **he** 代 彼は[が]

□ **hear** 動 聞く, 聞こえる

□ **heard** 動 hear（聞く）の過去, 過

去分詞

☐ **heart** 名心臓, 胸

☐ **hello** 間こんにちは, やあ

☐ **help** 動助ける, 手伝う I can't help it. どうしようもない。 名助け, 手伝い

☐ **her** 代 ①彼女を[に] ②彼女の

☐ **hero** 名英雄, ヒーロー

☐ **hid** 動hide (隠れる)の過去, 過去分詞

☐ **hidden** 動hide (隠れる)の過去分詞

☐ **hide** 動隠れる, 隠す, 隠れて見えない, 秘密にする

☐ **him** 代彼を[に]

☐ **himself** 代彼自身

☐ **his** 代 ①彼の ②彼のもの

☐ **hit** 動 ①打つ, なぐる ②ぶつける, ぶつかる ③命中する ④hitの過去, 過去分詞

☐ **hold** 動つかむ, 持つ, 抱く

☐ **home** 名家, 自国, 故郷, 家庭 副家に, 自国へ get home 家に着く[帰る] go home 帰宅する take someone home (人)を家まで送る

☐ **hook** 名止め金, 釣り針

☐ **Hook** 名フック《人名》

☐ **hope** 動望む, (~であるようにと)思う

☐ **hour** 名1時間, 時間

☐ **house** 名家, 家庭

☐ **how** 副 ①どうやって, どれくらい, どんなふうに ②なんて (~だろう) ③《関係副詞》~する方法 how to ~する方法

☐ **hungry** 形空腹の, 飢えた

☐ **hurt** 動傷つける, 痛む, 害する

I

☐ **I** 代私は[が]

☐ **idea** 名考え, 意見, アイデア, 計画

☐ **if** 接もし~ならば, たとえ~でも, ~かどうか what if もし~だったらどうなるだろうか

☐ **immediately** 副すぐに, ~するやいなや

☐ **in** 前 ①《場所・位置・所属》~(の中)に[で・の] ②《時》~(の時)に[の・で], ~後(に), ~の間(に) ③《方法・手段》~で ④~を身につけて, ~を着て ⑤~に関して, ~について ⑥《状態》~の状態で 副中へ[に], 内へ[に]

☐ **Indian** 名 ①インド人 ②(アメリカ)インディアン 形 ①インド(人)の ②(アメリカ)インディアンの

☐ **inside** 副内部[内側]に 前~の内部[内側]に

☐ **insist** 動 ①主張する, 断言する ②要求する

☐ **instead** 副その代わりに instead of ~の代わりに, ~をしないで

☐ **into** 前 ①《動作・運動の方向》~の中へ[に] ②《変化》~に[へ]

☐ **invite** 動 ①招待する, 招く ②勧める, 誘う ③~をもたらす

☐ **is** 動be (~である)の3人称単数

現在

- □ **island** 名島

- □ **it** 代 ①それは [が], それを [に] ②《天候・日時・距離・寒暖などを示す》

- □ **its** 代それの, あれの

J

- □ **Jane** 名ジェーン《人名》

- □ **John** 名ジョン《人名》

- □ **join** 動一緒になる, 参加する

- □ **Jolly Roger** ジョリー・ロジャー号《船の名》

- □ **jump** 動 ①跳ぶ, 跳躍する, 飛び越える, 飛びかかる ②(〜を) 熱心にやり始める **jump off** (高い所から) 飛び降りる **jump on** 〜に飛びかかる **jump out** 飛び出る **jump out of** 〜から飛び出す **jump up** 素早く立ち上がる

- □ **just** 副 ①まさに, ちょうど, (〜した) ばかり ②ほんの, 単に, ただ〜だけ ③ちょっと **just then** そのとたんに

K

- □ **keep** 動 ①とっておく, 保つ, 続ける ②(〜を…に) しておく ③飼う, 養う ④経営する ⑤守る

- □ **kill** 動殺す, 消す, 枯らす

- □ **kind** 名種類 **many kinds of** さまざまな, あらゆる種類の

- □ **knew** 動 know (知っている) の過去

- □ **knock** 動ノックする, たたく, ぶつける **knock on** (ドアなどを) ノックする [たたく]

- □ **know** 動 ①知っている, 知る, (〜が) わかる, 理解している ②知り合いである

L

- □ **lady** 名婦人, 夫人, 淑女, 奥さん

- □ **laid** 動 lay (置く) の過去, 過去分詞

- □ **lake** 名湖, 湖水, 池

- □ **language** 名言語, 言葉, 国語, 〜語, 専門語

- □ **last** 形最後の **the last time** この前〜したとき

- □ **late** 形遅い

- □ **laugh** 動笑う **make someone laugh** (人) を笑わせる

- □ **lay** 動 ①置く, 横たえる, 敷く **lay down on** 〜の上に横たわる

- □ **lead** 動導く, 案内する

- □ **leader** 名指導者, リーダー

- □ **learn** 動学ぶ, 習う, 教わる, 知識 [経験] を得る

- □ **leave** 動 ①出発する, 去る ②残す, 置き忘れる ③(〜を…の) ままにしておく ④ゆだねる **leave someone to die** (人) を見殺しにする [が死ぬのを放置する]

- □ **leaves** 名 leaf (葉) の複数

- □ **leaving** 形出発する

- □ **led** 動 lead (導く) の過去, 過去分

詞

- [ ] **left** 動 leave (去る, ～をあとに残す) の過去, 過去分詞

- [ ] **let** 動 (人に～) させる, (～するのを) 許す, (～をある状態に) する **let ～ go** (拘束している状態から) ～を放す[解放する]

- [ ] **lie** 動 うそをつく

- [ ] **life** 名 ①生命, 生物 ②一生, 生涯, 人生 ③生活, 暮らし, 世の中

- [ ] **light** 名 光, 明かり

- [ ] **like** 動 好む, 好きである 前 ～に似ている, ～のような **like this** このような, こんなふうに **sound like** ～のように聞こえる 形 似ている, ～のような

- [ ] **line** 動 ①線を引く ②整列する **line up** (一列に) 並ぶ[並べる]

- [ ] **listen** 動《 – to ～》～を聞く, ～に耳を傾ける **listen for** ～に耳を澄ます

- [ ] **little** 形 ①小さい, 幼い ②少しの, 短い ③ほとんど～ない,《a –》少しはある 名 少し (しか), 少量 **little by little** 少しずつ

- [ ] **live** 動 住む, 暮らす, 生きている

- [ ] **lock** 動 錠を下ろす, 閉じ込める, 動けなくする **lock out** (人を～から) 締め出す

- [ ] **long** 形 ①長い, 長期の ②《長さ・距離・時間などを示す語句を伴って》～の長さ[距離・時間]の 副 長い間, ずっと **any longer** これ以上 **not ～ any longer** もはや～でない[～しない] **so long as** ～する限りは

- [ ] **look** 動 ①見る ②(～に) 見える, (～の) 顔つきをする ③注意する ④《間投詞のように》ほら, ねえ **look around** まわりを見回す **look for** ～を探す

- [ ] **lose** 動 負ける, 失敗する

- [ ] **lost** 形 ①失った, 負けた ②道に迷った, 困った ③没頭している

- [ ] **lost boys** ロストボーイズ

- [ ] **lot** 名 ①たくさん, たいへん,《a – of ～ / -s of ～》たくさんの～

- [ ] **love** 名 愛, 愛情, 思いやり **be in love with** ～に恋して, ～に心を奪われて 動 愛する, 恋する, 大好きである

- [ ] **low** 副 低く

- [ ] **luck** 名 運, 幸運, めぐり合わせ **bad luck** 災難, 不運, 悪運

M

- [ ] **made** 動 make (作る) の過去, 過去分詞 形 作った, 作られた **made of** ～で作られて[できて]いる

- [ ] **make** 動 ①作る, 得る ②行う, (～に) なる ③(～を…に) する, (～を…) させる **make someone laugh** (人) を笑わせる

- [ ] **man** 名 男性, 人, 人類

- [ ] **manner** 名 ①方法, やり方 ②態度, 様子 ③《-s》行儀, 作法, 生活様式

- [ ] **many** 形 多数の, たくさんの **many kinds of** さまざまな, あらゆる種類の

- [ ] **Margaret** 名 マーガレット《人名》

- [ ] **married** 形 結婚した, 既婚の

□ **may** 助 ①～かもしれない ②～してもよい, ～できる **May I ～** ～してもよいですか。

□ **maybe** 副 たぶん, おそらく

□ **me** 代 私を[に]

□ **mean** 動 ①意味する ②(～のつもりで)言う, 意図する ③～するつもりである 形 ①卑怯な, けちな, 意地悪な ②中間の **be mean to** (人)に対して意地悪である

□ **meanwhile** 副 それまでの間, 一方では

□ **medicine** 名 ①薬 ②医学, 内科 **take a medicine** 薬を飲む

□ **men** 名 man(男性)の複数

□ **mermaid** 名 (女の)人魚

□ **message** 名 伝言, (作品などに込められた)メッセージ

□ **Michael** 名 マイケル《人名》

□ **mind** 名 ①心, 精神, 考え ②知性 **change someone's mind** (人)の考えを変えさせる

□ **more** 形 ①もっと多くの ②それ以上の, 余分の 副 もっと, さらに多く, いっそう **more than ～**以上 **more than anything** 何にも増して **once more** もう一度

□ **morning** 名 朝, 午前 **one morning** ある朝

□ **mother** 名 母, 母親

□ **mouth** 名 ①口 ②言葉, 発言

□ **move** 動 動く, 動かす

□ **Mr.** 名 《男性に対して》～さん, ～氏, ～先生

□ **Mrs.** 名 《結婚している女性に対して》～さん, ～夫人, ～先生

□ **much** 形 (量・程度が)多くの, 多量の

□ **mummy** 名 ママ, お母さん

□ **music** 名 音楽, 楽曲

□ **must** 助 ～しなければならない

□ **my** 代 私の

N

□ **name** 名 ①名前 ②名声 ③《-s》悪口 動 ①名前をつける ②名指しする

□ **Nana** 名 ナナ《犬の名》

□ **near** 前 ～の近くに, ～のそばに 副 近くに, 親密で

□ **neck** 名 首, (衣服の)えり

□ **need** 動 (～を)必要とする, 必要である 助 ～する必要がある **need to do** ～する必要がある

□ **nest** 名 巣

□ **never** 副 決して[少しも]～ない, 一度も[二度と]～ない

□ **Never Bird** ネバーバード《鳥》

□ **Neverland** 名 ネバーランド

□ **new** 形 ①新しい, 新規の ②新鮮な, できたての

□ **news** 名 報道, ニュース, 便り, 知らせ

□ **next** 形 ①次の, 翌～ ②隣の **next time** 次回に 副 ①次に ②隣に **next to** ～のとなりに, ～の次に

□ **Nibs** 名 ニブス《人名》

□ **nice** 形 すてきな, よい, きれいな, 親切な

A
B
C
D
E
F
G
H
I
J
K
L
M
N
O
P
Q
R
S
T
U
V
W
X
Y
Z

□ **night** 名夜, 晩

□ **no** 副①いいえ, いや ②少しも
〜ない 形 〜がない, 少しも〜ない,
〜どころでない, 〜禁止

□ **no one** 誰も [一人も] 〜ない

□ **not** 副 〜でない, 〜しない **not 〜
but …** 〜ではなくて…

□ **now** 副①今 (では), 現在 ②今
すぐに ③では, さて 形今の, 現在
の

□ **nowhere** 副どこにも〜ない

O

□ **ocean** 名海, 大洋 《the 〜 O-》
〜洋

□ **of** 前①《所有・所属・部分》〜の,
〜に属する ②《性質・特徴・材料》
〜の, 〜製の ③《部分》〜のうち
④《分離・除去》〜から

□ **off** 前 〜を離れて, 〜をはずれて

□ **oh** 間ああ, おや, まあ

□ **old** 形①年取った, 老いた
②〜歳の ③古い, 昔の

□ **on** 前①《場所・接触》〜 (の上)
に ②《日・時》〜に, 〜と同時に,
〜のすぐ後で ③《関係・従事》
〜に関して, 〜について, 〜して
副①身につけて, 上に ②前へ, 続
けて

□ **once** 副①一度, 1回 ②かつて
once more もう一度 **once upon
a time** むかしむかし

□ **one** 名1 (の数字), 1人 [個] **one
by one** 1つずつ, 1人ずつ 形①1
の, 1人 [個] の ②ある〜 ③《the
– 》唯一の **one day** (過去の) ある
日, (未来の) いつか **one morning**
ある朝 代①(一般の) 人, ある物
②一方, 片方 ③〜なもの

□ **only** 形唯一の 副①単に, 〜に
すぎない, ただ〜だけ ②やっと

□ **onto** 前 〜の上へ [に]

□ **open** 形①開いた, 広々とした
②公開された 動①開く, 始まる
②広がる, 広げる ③打ち明ける

□ **or** 接①〜か…, または ②さもな
いと ③すなわち, 言い換えると

□ **order** 名命令 **give an order** 命
令を出す

□ **other** 形①ほかの, 異なった
②(2つのうち) もう一方の, (3つ
以上のうち) 残りの 代①ほかの人
[物] ②《the – 》残りの1つ **each
other** お互いに

□ **our** 代私たちの

□ **out** 副①外へ [に], 不在で, 離れ
て ②世に出て ③消えて ④すっか
り **out of** ①〜から外へ, 〜から抜
け出して ②〜から作り出して, 〜を
材料として ③〜の範囲外に, 〜から
離れて ④(ある数) の中から
形①外の, 遠く離れた ②公表され
た 前 〜から外へ [に]

□ **outside** 形外部の, 外側の 副外
へ, 外側に 前 〜の外に [で・の・へ],
〜の範囲を越えて

□ **over** 前①〜の上の [に], 〜を一
面に覆って ②〜を越えて, 〜以上
に, 〜よりまさって ③〜の向こう
側の [に] ④〜の間

□ **own** 動持っている, 所有する

P

□ **pain** 图痛み, 苦悩

□ **parent** 图《-s》両親

□ **past** 前《時間・場所》～を過ぎて, ～を越して

□ **people** 图①(一般に)人々 ②民衆, 世界の人々, 国民, 民族 ③人間

□ **Peter Pan** ピーター・パン《人名》

□ **piano** 图ピアノ

□ **pirate** 图海賊

□ **place** 图①場所, 建物 ②余地, 空間 take one's place (人と)交代する, (人)の代わりをする, 後任になる

□ **play** 動①遊ぶ, 競技する ②(楽器を)演奏する

□ **please** 圖どうぞ, お願いします

□ **poison** 图①毒, 毒薬 ②害になるもの 動毒を盛る, 毒する

□ **practice** 图練習

□ **prepare** 動準備[用意]をする

□ **princess** 图王女

□ **problem** 图問題, 難問

□ **promise** 動約束する

□ **proud** 厖①自慢の, 誇った, 自尊心のある ②高慢な, 尊大な be proud of ～を自慢に思う too proud to ～するのはプライドが許さない

□ **push** 動①押す, 押し進む, 押し進める ②進む, 突き出る

□ **put** 動①置く, のせる ②入れる, つける ③(ある状態に)する ④put の過去, 過去分詞 put back (もとの場所に)戻す, 返す put in ～の中に入れる put on ①～を身につける, 着る ②～を…の上に置く put out (手など)を(差し)出す put out one's arms to 両手を(人)に差し出す put up ～を上げる, 建てる, 飾る

Q

□ **question** 图質問, 疑問, 問題

□ **quickly** 圖敏速に, 急いで

□ **quiet** 厖①静かな, 穏やかな, じっとした ②おとなしい, 無口な, 目立たない

□ **quite** 圖①まったく, すっかり, 完全に ②かなり, ずいぶん ③ほとんど

R

□ **raise** 動上げる, 高める

□ **ran** 動run (走る)の過去

□ **ready** 厖用意[準備]ができた, まさに～しようとする, 今にも～せんばかりの get ready to ～する用意[支度]をする

□ **real** 厖実際の, 実在する, 本物の

□ **realize** 動理解する, 実現する

□ **really** 圖本当に, 実際に, 確かに

□ **refuse** 動拒絶する, 断る

□ **remember** 動思い出す, 覚えている, 忘れないでいる

□ **remind** 動思い出させる, 気づかせる

□ **rest** 動①休む, 眠る ②休止する,

静止する

- □ **return** 動帰る, 戻る, 返す
  return to ～に戻る, ～に帰る
- □ **right** 形 ①正しい ②適切な all
  right 大丈夫で, よろしい, 申し分な
  い, わかった, 承知した 副 ①まっ
  すぐに, すぐに ②ちょうど, 正確に
- □ **rise** 動 ①昇る, 上がる ②生じる
- □ **rock** 名岩, 岸壁, 岩石
- □ **room** 名 ①部屋 ②空間, 余地
- □ **rose** 動 rise (昇る) の過去
- □ **run** 動 ①走る ②運行する ③ (川
  が) 流れる ④経営する come
  running 飛んでくる, かけつける
  run away 走り去る, 逃げ出す run
  into ～に駆け込む, ～の中に走って
  入る run out of ～が不足する,
  ～を使い果たす

S

- □ **sad** 形 ①悲しい, 悲しげな ②惨
  めな, 不運な
- □ **sadly** 副悲しそうに, 不幸にも
- □ **said** 動 say (言う) の過去, 過去
  分詞
- □ **same** 形 ①同じ, 同様の ②前述
  の 代《the‐》同一の人 [物] 副《the
  ‐》同様に the same ～ as … …
  と同じ (ような) ～
- □ **sat** 動 sit (座る) の過去, 過去分詞
- □ **save** 動 ①救う, 守る ②とってお
  く, 節約する
- □ **saw** 動 see (見る) の過去
- □ **say** 動言う, 口に出す

- □ **scare** 動こわがらせる, おびえる
- □ **school** 名学校
- □ **search** 動捜し求める, 調べる
- □ **see** 動 ①見る, 見える, 見物する
  ② (～と) わかる, 認識する, 経験す
  る ③会う ④考える, 確かめる, 調
  べる ⑤気をつける
- □ **seem** 動 (～に) 見える, (～のよ
  うに) 思われる
- □ **seen** 動 see (見る) の過去分詞
- □ **sent** 動 send (送る) の過去, 過去
  分詞
- □ **sew** 動縫い物をする, 縫い付ける
  sew ～ onto ～を…に縫い付ける
- □ **shadow** 名影, 暗がり
- □ **shake** 動 ①振る, 揺れる, 揺さぶ
  る, 震える ②動揺させる
- □ **shall** 助 ①《Iが主語で》～するだ
  ろう, ～だろう ②《I以外が主語で》
  (…に) ～させよう, (…は) ～する
  ことになるだろう
- □ **she** 代彼女は [が]
- □ **ship** 名船
- □ **shock** 名衝撃, ショック 動ショ
  ックを与える
- □ **shoot** 動 ①(銃を) 撃つ ②放つ,
  噴出する
- □ **shot** 動 shoot (撃つ) の過去, 過
  去分詞
- □ **should** 助 ～すべきである, ～し
  たほうがよい
- □ **shout** 動叫ぶ, 大声で言う, どな
  りつける
- □ **show** 動見せる, 示す
- □ **shut** 動 ①閉まる, 閉める, 閉じる

②たたむ ③閉じ込める ④shutの
過去, 過去分詞

□ **sick** 形病気の

□ **side** 名側, 横, そば

□ **sight** 名光景, 眺め

□ **silence** 名沈黙, 無言, 静寂

□ **sit** 動①座る, 腰掛ける ②止まる
③位置する **sit down** 座る, 腰を下
ろす **sit on** ～の上に乗る **sit up**
起き上がる, 上半身を起こす

□ **six** 名6(の数字), 6人[個] 形6
の, 6人[個]の

□ **skin** 名皮膚, 皮, 革(製品)

□ **sleep** 動眠る, 寝る **sleep in** 寝
床に入る

□ **Slightly** 名スライトリー《人名》

□ **small** 形小さい, 少ない

□ **Smee** 名スミー《人名》

□ **smile** 動微笑する, にっこり笑う
smile up at ～にほほ笑みかける

□ **so** 副①とても ②同様に, ～もま
た ③《先行する句・節の代用》その
ように, そう **So do you.** あなたも
そうです。 **so long as** ～する限り
は **so that** ～するために, それで,
～できるように **so ～ that** … 非常
に～なので… 接①だから, それで
②では, さて

□ **some** 形①いくつかの, 多少の
②ある, 誰か, 何か 代①いくつか
②ある人[物]たち

□ **someone** 代ある人, 誰か

□ **something** 代①ある物, 何か
②いくぶん, 多少

□ **sometimes** 副時々, 時たま

□ **son** 名息子, 子弟, ～の子

□ **soon** 副まもなく, すぐに, すみや
かに

□ **sorry** 形気の毒に[申し訳なく]
思う, 残念な

□ **sound** 名音, 騒音, 響き, サウン
ド 動①音がする, 鳴る ②(～のよ
うに)思われる, (～と)聞こえる
sound like ～のように聞こえる

□ **speak to** ～と話す

□ **spoke** 動speak (話す)の過去

□ **spring** 名春

□ **stand up** 立ち上がる

□ **star** 名星

□ **start** 動①出発する, 始まる, 始
める ②生じる, 生じさせる **start
doing** ～し始める **start to do**
～し始める

□ **stay** 動①とどまる, 泊まる, 滞在
する ②持続する, (～の)ままでい
る **stay in** 家にいる, (場所)に泊ま
る, 滞在する **stay with** ～の所に泊
まる

□ **stick** 名棒

□ **still** 副①まだ, 今でも ②それで
も(なお)

□ **stood** 動stand (立つ)の過去, 過
去分詞

□ **stop** 動①やめる, やめさせる, 止
める, 止まる

□ **story** 名①物語, 話 ②(建物の)
階 **bedtime story** (子どもを寝か
しつけるときの)おとぎ話

□ **strange** 形①知らない, 見[聞き]
慣れない ②奇妙な, 変わった

□ **strong** 形強い, 堅固な

□ **such** 形①そのような, このよう

A
B
C
D
E
F
G
H
I
J
K
L
M
N
O
P
Q
R
S
T
U
V
W
X
Y
Z

な ②そんなに, とても, 非常に

□ **suddenly** 副 突然, 急に

□ **sun** 名《the –》太陽, 日

□ **sure** 形 確かな, 確実な《be – to ～》必ず [きっと] ～する, 確信して

□ **surprised** 形 驚いた be surprised to do ～して驚く

□ **swam** 動 swim（泳ぐ）の過去

T

□ **take** 動 ①取る, 持つ ②持って [連れて] いく, 捕らえる ③乗る ④（時間・労力を）費やす, 必要とする ⑤（ある動作を）する ⑥飲む ⑦耐える, 受け入れる take a medicine 薬を飲む take aim 狙いを定める take one's place（人と）交代する,（人）の代わりをする, 後任になる take someone away（人）を連れ出す take someone home（人）を家まで送る take ～ to … ～を…に連れて行く

□ **talk** 動 話す, 語る, 相談する

□ **teach** 動 教える

□ **tell** 動 ①話す, 言う, 語る ②教える, 知らせる, 伝える ③わかる, 見分ける tell ～ to … ～に…するように言う

□ **terrible** 形 恐ろしい, ひどい, ものすごい, つらい

□ **than** 接 ～よりも, ～以上に more than ～以上 more than anything 何にも増して

□ **thank** 動 感謝する, 礼を言う

□ **that** 形 その, あの 代 ①それ, あれ,

その [あの] 人 [物] ②《関係代名詞》 ～である… so that ～するために, それで, ～できるように so ～ that … 非常に～なので… 接 ～ということ, ～なので, ～だから 副 そんなに, それほど

□ **the** 冠 ①その, あの ②《形容詞の前で》～な人々 副《 – ＋比較級, – ＋比較級》～すればするほど…

□ **their** 代 彼（女）らの, それらの

□ **them** 代 彼（女）らを [に], それらを [に]

□ **then** 副 その時（に・は）, それから, 次に just then そのとたんに

□ **there** 副 ①そこに [で・の], そこへ, あそこへ ②《 – is [are] ～》～がある [いる]

□ **these** 形 これらの, この

□ **they** 代 ①彼（女）らは [が], それらは [が] ②（一般の）人々は [が]

□ **thing** 名 ①物, 事 ②《-s》事情, 事柄 ③《one's -s》持ち物, 身の回り品 ④人, やつ

□ **think** 動 思う, 考える

□ **this** 形 ①この, こちらの, これを ②今の, 現在の 代 ①これ, この人 [物] ②今, ここ

□ **those** 形 それらの, あれらの 代 それら [あれら] の人 [物]

□ **though** 接 ①～にもかかわらず, ～だが ②たとえ～でも even though ～であるけれども, ～にもかかわらず

□ **thought** 動 think（思う）の過去, 過去分詞 名 考え, 意見

□ **three** 名 3（の数字）, 3人 [個] 形 3の, 3人 [個] の

- □ **threw** 動 throw（投げる）の過去
- □ **through** 前 ～を通して，～中を[に]，～中
- □ **throw** 動 投げる，浴びせる，ひっかける **throw off** 脱ぎ捨てる
- □ **tick** 名 カチカチいう音
- □ **tie** 動 結ぶ，束縛する **tie up** ひもで縛る，縛り上げる，つなぐ，拘束する
- □ **Tiger Lily** タイガー・リリー《人名》
- □ **time** 名 ①時，時間，歳月 ②時期 ③期間 ④時代 ⑤回，倍 **after all this time** 今になって **as time goes on** 時がたつにつれて **for the first time** 初めて **next time** 次回に **once upon a time** むかしむかし **the last time** この前～したとき
- □ **Tink** 名 ティンク《ティンカー・ベルの愛称》
- □ **Tinker Bell** ティンカー・ベル《人名》
- □ **tired** 形 ①疲れた，くたびれた ②あきた，うんざりした **get tired** 疲れる
- □ **to** 前 ①《方向・変化》～へ，～に，～の方へ ②《程度・時間》～まで ③《適合・付加・所属》～に ④《－＋動詞の原形》～するために[の]，～する，～すること
- □ **together** 副 ①一緒に，ともに ②同時に
- □ **told** 動 tell（話す）の過去，過去分詞
- □ **tonight** 副 今夜（は）
- □ **too** 副 ①～も（また） ②あまりに～すぎる，とても～ **too proud to** ～するのはプライドが許さない **too ～ to …** …するには～すぎる
- □ **took** 動 take（取る）の過去
- □ **Tootles** 名 トゥートルズ《人名》
- □ **towards** 前 ①《運動の方向・位置》～の方へ，～に向かって ②《目的》～のために
- □ **tree** 名 ①木，樹木，木製のもの ②系図
- □ **trick** 動 だます
- □ **tried** 動 try（試みる）の過去，過去分詞
- □ **truth** 名 ①真理，事実，本当 ②誠実，忠実さ
- □ **turn** 名 順番
- □ **Twins** 名 ツインズ（双子）《人名》
- □ **two** 名 2（の数字），2人[個] 形 2の，2人[個]の

U

- □ **ugly** 形 ①醜い，ぶかっこうな ②いやな，不快な，険悪な
- □ **under** 前 ①《位置》～の下[に] ②《状態》～で，～を受けて，～のもと ③《数量》～以下[未満]の，～より下の
- □ **understand** 動 理解する，わかる，～を聞いて知っている
- □ **untie** 動 ほどく，解放する
- □ **until** 前 ～まで（ずっと） 接 ～の時まで，～するまで
- □ **up** 副 ①上へ，上がって，北へ ②立って，近づいて ③向上して，増

して **up to** 〜まで, 〜に至るまで, 〜に匹敵して 前 ①〜の上(の方)へ, 高い方へ ②(道)に沿って

□ **upon** 前①《場所・接触》〜(の上)に ②《日・時》〜に ③《関係・従事》〜に関して, 〜について, 〜して **once upon a time** むかしむかし 副 前へ, 続けて

□ **us** 代 私たちを[に]

□ **use** 動 ①使う, 用いる ②費やす 名 使用, 用途

□ **used to** よく〜したものだ, 以前は〜であった

V

□ **very** 副 とても, 非常に, まったく **very well** 結構, よろしい 形 本当の, きわめて, まさしくその

□ **village** 名 村, 村落

□ **visit** 動 訪問する

□ **voice** 名 声, 音声

W

□ **wait** 動 待つ,《 – for 〜》〜を待つ

□ **wake** 動 目がさめる, 起きる, 起こす **wake up** 起きる, 目を覚ます

□ **walk** 動 歩く, 歩かせる, 散歩する **walk through** 〜を通って歩く

□ **want** 動 ほしい, 望む, 〜したい, 〜してほしい

□ **war** 名 戦争(状態), 闘争, 不和

□ **was** 動《beの第1・第3人称単数現在am, isの過去》〜であった, (〜に)いた[あった]

□ **waste** 動 浪費する, 消耗する

□ **watch** 動 ①じっと見る, 見物する ②注意[用心]する, 監視する **watch for** 〜を監視する **watch over** 見守る, 見張る

□ **water** 名 ①水 ②(川・湖・海などの)多量の水

□ **we** 代 私たちは[が]

□ **weak** 形 ①弱い, 力のない, 病弱な ②劣った, へたな, 苦手な

□ **wear** 動 着る, 着ている, 身につける

□ **week** 名 週, 1週間 **for a week** 1週間

□ **well** 副 ①うまく, 上手に ②十分に, よく, かなり

□ **Wendy** 名 ウェンディ《人名》

□ **went** 動 go(行く)の過去

□ **were** 動《beの2人称単数・複数の過去》〜であった, (〜に)いた[あった]

□ **what** 代 ①何が[を・に] ②《関係代名詞》〜するところのもの[こと] **What about 〜** 〜についてあなたはどう思いますか。〜はどうですか。 **what if** もし〜だったらどうなるだろうか

□ **whatever** 代 ①《関係代名詞》〜するものは何でも ②どんなこと[もの]が〜とも 形 ①どんな〜でも ②《否定文・疑問文で》少しの〜も, 何らかの

□ **when** 副 ①いつ ②《関係副詞》〜するところの, 〜するとその時, 〜するとき 接 〜の時, 〜するとき

代いつ

□ **where** 副 ①どこに[で] ②《関係副詞》〜するところの, そしてそこで, 〜するところ 接 〜なところに[へ], 〜するところに[へ] 代 ①どこ, どの点 ②〜するところの

□ **while** 接 ①〜の間(に), 〜する間(に) ②一方, 〜なのに 名 しばらくの間, 一定の時

□ **who** 代 ①誰が[は], どの人 ②《関係代名詞》〜するところの(人)

□ **whole** 形 全体の, すべての, 完全な, 満〜, 丸〜 名《the –》全体, 全部

□ **why** 副 ①なぜ, どうして ②《関係副詞》〜するところの(理由)

□ **will** 助 〜だろう, 〜しよう, する(つもりだ) will have done 〜してしまっているだろう《未来完了形》

□ **win** 動 勝つ, 獲得する, 達する

□ **window** 名 窓, 窓ガラス by the window 窓辺に

□ **with** 前 ①《同伴・付随・所属》〜と一緒に, 〜を身につけて, 〜とともに ②《様態》〜(の状態)で, 〜して ③《手段・道具》〜で, 〜を使って

□ **woke** 動 wake (目が覚める)の過去

□ **won** 動 win (勝つ)の過去, 過去分詞

□ **won't** will not の短縮形

□ **wonderful** 形 驚くべき, すばらしい, すてきな

□ **wood** 名 ①《しばしば -s》森, 林 ②木材, まき

□ **word** 名 ①語, 単語 ②ひと言 ③《one's –》約束

□ **wore** 動 wear (着ている)の過去

□ **work** 動 ①働く, 勉強する, 取り組む ②機能[作用]する, うまくいく

□ **worried** 形 心配そうな, 不安げな

□ **would** 助《will の過去》①〜するだろう, 〜するつもりだ ②〜したものだ

□ **wrong** 形 間違った, (道徳上)悪い

Y

□ **year** 名 ①年, 1年 ②学年, 年度 ③〜歳

□ **yell** 動 大声をあげる, わめく

□ **yes** 副 はい, そうです

□ **you** 代 ①あなた(方)は[が], あなた(方)を[に] ②(一般に)人は **So do you.** あなたもそうです。 **you all** 皆さん, 諸君全員

□ **young** 形 若い, 幼い, 青年の

□ **your** 代 あなた(方)の

English Conversational Ability Test
国際英語会話能力検定

● E-CATとは…
英語が話せるようになるための
テストです。インターネット
ベースで、30分であなたの発
話力をチェックします。

www.ecatexam.com

● iTEP®とは…
世界各国の企業、政府機関、アメリカの大学
300校以上が、英語能力判定テストとして採用。
オンラインによる90分のテストで文法、リー
ディング、リスニング、ライティング、スピー
キングの5技能をスコア化。iTEP®は、留学、就
職、海外赴任などに必要な、世界に通用する英
語力を総合的に評価する画期的なテストです。

www.itepexamjapan.com

ステップラダー・シリーズ
ピーター・パン

2021 年 1 月 8 日　第 1 刷発行

原著者　ジェームス・マシュー・バリー

発行者　浦　晋亮

発行所　**IBCパブリッシング株式会社**
〒162-0804 東京都新宿区中里町29番3号 菱秀神楽坂ビル9F
Tel. 03-3513-4511　Fax. 03-3513-4512
www.ibcpub.co.jp

印　刷　株式会社シナノパブリッシングプレス
装　幀　久保頼三郎
イラスト　長崎祐子
リライト　ニーナ・ウェグナー
ナレーション　ケイティ・アドラー
録音スタジオ　株式会社巧芸創作

© IBC Publishing, Inc. 2021
Printed in Japan

ISBN978-4-7946-0647-1